O espírito da esperança

Dados Internacionais de Catalogação na Publicação (CIP)
(Câmara Brasileira do Livro, SP, Brasil)

Han, Byung-Chul
O espírito da esperança : contra a sociedade do medo / Byung-Chul Han ; ilustrações de Anselm Kiefer ; tradução de Milton Camargo Mota. – Petrópolis, RJ : Vozes, 2024.

Título original: Der Geist der Hoffnung

1ª reimpressão, 2024.

ISBN 978-85-326-6880-6

1. Esperança 2. Estilo de vida 3. Filosofia 4. Sabedoria I. Kiefer, Anselm. II. Título.

24-200530 CDD-100

Índices para catálogo sistemático:

1. Filosofia 100

Eliane de Freitas Leite – Bibliotecária – CRB 8/8415

BYUNG-CHUL HAN

O espírito da esperança

Contra a sociedade do medo

COM DEZ ILUSTRAÇÕES DE
Anselm Kiefer

TRADUÇÃO DE
Milton Camargo Mota

Petrópolis

Tradução do original em alemão intitulado
Der Geist der Hoffnung – Wider die Gesellschaft der Angst

Direitos de publicação em língua portuguesa:
2024, Editora Vozes Ltda.
Rua Frei Luís, 100
25689-900 Petrópolis, RJ
www.vozes.com.br
Brasil

Editoração: Mariana Perlati
Diagramação: Editora Vozes
Revisão gráfica: Lorena Delduca Herédias
Capa: Editora Vozes

ISBN 978-85-326-6880-6 (Brasil)
ISBN 978-3-550-20266-7 (Alemanha)

Este livro foi composto e impresso pela Editora Vozes Ltda.

Sumário

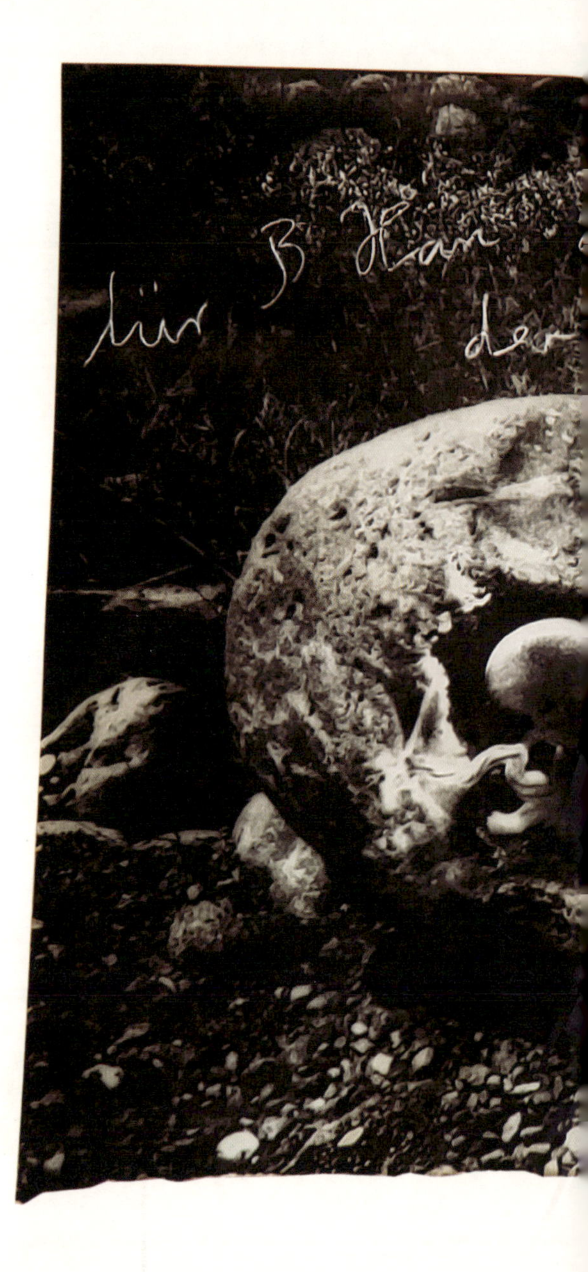

Bewußtsein

A esperança é um elã, um salto.
Gabriel Marcel

Uma estrela
quiçá tenha luz,
nada,
nada está perdido.
Paul Celan

Prelúdio

O medo circula como um espectro. Somos permanentemente confrontados com cenários apocalípticos: pandemia, guerra mundial e catástrofe climática. O fim do mundo ou o colapso da civilização humana são invocados com premência cada vez maior. O chamado "Doomsday Clock" indicava, em 2023, que faltavam 90 segundos para a meia-noite. O ponteiro nunca esteve tão perto da meia-noite.

Apocalipses estão em alta. São até mesmo oferecidos como mercadorias: *Apocalypses sell* (os apocalipses vendem). Não apenas na realidade, mas também na literatura e no cinema, o clima de fim de mundo se espalha. Em sua narrativa *O silêncio*, Don DeLillo fala de um apagão total. Na literatura, tal como no mundo real, as temperaturas e o nível do mar sobem. A *climate-fiction* se estabeleceu como novo gênero literário. Por exemplo, *Um amigo da terra*, de T.C. Boyle, narra mudanças climáticas com proporções apocalípticas.

Estamos numa multicrise. Olhamos amedrontados para um futuro sombrio e falta esperança em toda a parte. Saltamos de uma crise para outra, de uma catástrofe para outra, de um problema para outro. Entre pura resolução de problemas e gerenciamento de crises, a vida definha: torna-se *sobrevivência*. A ofegante *sociedade da sobrevivência* assemelha-se a um doente que tenta de todas as maneiras repelir a morte iminente. No entanto, apenas a esperança nos permite recuperar a *vida* que é mais que *sobrevivência*. Ela estende o *horizonte do significativo*, que revitaliza a vida e lhe dá asas. A esperança nos presenteia com o *futuro*.

O clima generalizado de medo sufoca qualquer broto de esperança. Com o medo se instala uma atmosfera depressiva. O medo e o ressentimento lançam as pessoas nos braços dos populistas de direita, que atiçam o ódio. Solidariedade, amistosidade e empatia se deterioram. O medo e o ressentimento crescentes causam o embrutecimento da sociedade como um todo. Isso, em última instância, ameaça a democracia. Com razão, o ex-presidente dos Estados Unidos, Barack Obama, observou em seu discurso de despedida: "A democracia pode ruir quando cedemos ao medo"[1]. Medo e democracia são incompatíveis. A democracia prospera apenas numa atmosfera de reconciliação e diálogo. Aquele que dogmatiza suas opiniões e não *escuta* os outros não é cidadão.

O medo é um popular meio de dominação, pois torna as pessoas obedientes e suscetíveis à chantagem. Em clima de medo, as pessoas não se sentem à vontade para expressar livremente suas opiniões, precisamente por temor de repressão. E o chamado "hate speech" (discurso de ódio) ou uma "shit storm" (campanha difamatória; literalmente "tempestade de merda") obviamente incitam o medo e impedem a livre expressão de opinião. Hoje em dia, temos até mesmo *medo de pensar*. A *coragem de pensar* parece ter sumido. Especialmente o pensar

---

1. Apud NUSSBAUM, M.C. *Königreich der Angst:* Gedanken zur aktuellen politischen Krise. Darmstadt: BTB, 2019.

no sentido empático nos abre o acesso para o completamente diferente. No clima de medo, o *igual* prolifera. O conformismo se alastra. O medo bloqueia os acessos ao outro. O *outro* escapa à lógica da eficiência e da produtividade como *lógica do igual*.

A liberdade não é possível onde reina o medo. O medo e a liberdade se excluem mutuamente. O medo pode transformar toda a sociedade numa prisão, sim, numa quarentena. O que ele faz é apenas afixar tabuletas de aviso. A esperança, por outro lado, ergue indicadores e sinalizadores dos caminhos. Somente na esperança estamos *a caminho*. Ela nos dá *sentido e orientação*. O medo, por outro lado, torna impossível a *marcha*.

Atualmente, não temos somente medo de vírus e das guerras. A "ansiedade climática" também preocupa as pessoas. Os ativistas climáticos têm, como eles mesmos admitem, "medo do futuro". Isso lhes rouba o *futuro*. A "ansiedade climática" é indiscutivelmente justificada. Não se pode negá-la e é preocupante o *clima de medo* disseminado. O problema não é o medo da pandemia, mas a *pandemia do medo*. Ações impulsionadas pelo medo não são ações *aptas para o futuro*. As ações precisam de um *horizonte de sentido*, precisam ser narráveis. A esperança é *eloquente*. Ela *narra*. O medo, por outro lado, é *incapaz de falar, incapaz de narrar*.

Angst (medo, angústia – alto-alemão médio: *angest*, alto-alemão antigo: *angust*) significa originalmente estreiteza, aperto. O medo sufoca qualquer amplidão, qualquer perspectiva, estreitando e bloqueando a visão. Quem sente medo se sente em aperto. O medo vem acompanhado da sensação de estar aprisionado e enclausurado. No medo, o mundo nos parece uma prisão. Todas as portas que levam ao aberto estão fechadas. O medo obstrui o futuro, fechando-nos o acesso ao *possível*, ao *novo*.

A esperança é também, linguisticamente, a figura oposta ao medo. O dicionário etimológico de Friedrich Kluge diz a respeito de *hoffen* (esperar): "Ao inclinar-se para a frente, tenta-se ver mais longe, ver com mais precisão". Portanto, esperança significa "olhar para longe, olhar para o futuro"[2]. Ela abre o olhar para o que está por vir. O verbo "Verhoffen" ainda possui o significado original de *hoffen*. Na linguagem dos caçadores, "verhoffen" significa "manter-se parado para escutar, ouvir, farejar". Por isso se diz: "*Der Rehbock verhofft*" ("O corço está à espreita"). Quem tem esperança também fareja, ou seja, tenta *ganhar direção, orientação*.

A esperança mais íntima desperta em meio à mais profunda desesperança. Quanto mais profunda a desesperança, mais intensa a esperança. Não é por acaso que a Elpis (esperança) é representada como filha de Nyx, a deusa da noite. Nyx tem como irmãos: Tartaros, Erebos (escuridão) e Eros. Elpis e Eros são aparentados. A esperança é uma figura dialética. A negatividade da desesperança é constitutiva da esperança. Até mesmo Paulo destaca a negatividade inerente à esperança: "Gloriamo-nos nas tribulações, sabendo que a tribulação produz perseverança; e a perseverança,

---

2. KLUGE, F. *Etymologisches Wörterbuch der deutschen Sprache*. Berlim/Nova York: De Gruyter, 1986, p. 313.

experiência; e a experiência, esperança. Ora, a esperança não engana" (Rm 5,3-5).

O desespero está para a esperança como o vale para a montanha. A *negatividade* do desespero está inscrita na esperança. Nietzsche explicita essa relação dialética entre esperança e desesperança da seguinte forma:

> A esperança é o arco-íris sobre o riacho íngreme da vida, engolida cem vezes pela espuma e sempre se recompondo de novo, e saltando por cima dele com bela e delicada audácia, onde ele brame de modo mais furioso e perigoso[3].

Não poderia haver descrição mais acertada da esperança. Ela tem uma bela e delicada audácia. Quem espera age com audácia e não se deixa abalar pelo caráter escarpado e duro da vida. No entanto, é inerente à esperança algo *contemplativo*. Ela *se inclina para a frente e escuta*. Sua receptividade a torna *delicada*, conferindo-lhe *beleza* e *graciosidade*.

---

3. NIETZSCHE, F. Nachgelassene Fragmente 1875-1879. *In*: COLLI, G.; MONTINARI, M. (eds.). *Kritische Studienausgabe*. Berlim: DTV, 1988, v. 8, p. 445.

O *pensamento esperançoso* não é otimista. Ao contrário da esperança, ao otimismo falta qualquer *negatividade*. Ele não conhece dúvidas nem desespero. A *pura positividade* é sua essência. Ele está convencido de que tudo ficará bem. Para o otimista, o tempo é *fechado*, então, o futuro como um espaço aberto de possibilidades é desconhecido para ele. Nada *acontece*. Nada o surpreende. O futuro lhe parece disponível. No entanto, é inerente ao autêntico futuro sua *indisponibilidade*. O otimista nunca olha para a *distância* indisponível. Ele não conta com o inesperado ou com o incalculável.

Ao contrário do otimismo, que não carece de nada, que não está *a caminho*, a esperança representa um *movimento de busca*. É uma tentativa de ganhar apoio e direção. Nisso, ela também avança para o *desconhecido*, o *não trilhado*, o *aberto*, o que *ainda-não-é*, ultrapassando o sido, indo além do já existente. Ela se dirige ao *não nascido* e põe-se a caminho do *novo*, do *completamente diferente*, do *nunca sido*.

O otimismo não precisa ser primeiramente conquistado. Ele já está aí, de maneira tão autoevidente e inquestionável quanto a estatura ou as características inalteráveis de uma pessoa: "Assim, o otimista está acorrentado à sua alegria, assim como o condenado das galés ao seu remo – uma perspectiva bastante desoladora"[4]. O otimista não precisa fornecer motivos para sua atitude. A esperança, por outro lado, não tem uma presença autoevidente. Ela *desperta*. Com frequência, precisa ser *chamada*, *invocada*. Ao contrário do otimismo, que carece de determinação, a esperança ativa é caracterizada por um *comprometimento*. O otimista não *atua* por conta própria. Toda ação sempre envolve um *risco*. O otimista, contudo, não arrisca nada.

O pessimismo não difere fundamentalmente do otimismo. É sua contraparte espelhada. Para o pessimista, o tempo também é *fechado*. Ele está encerrado no "tempo como prisão"[5]. O pessimista rejeita tudo categoricamente, sem aspirar à *renovação*, sem per-

---

4. EAGLETON, T. *Hoffnungsvoll, aber nicht optimistisch*. Berlim: Ullstein Ebooks, 2016, p. 16.

5. MARCEL, G. *Philosophie der Hoffnung*: Die Überwindung des Nihilismus. Munique: List Taschenbuch, 1964, p. 56.

mitir-se *mundos possíveis*. Ele é tão obstinado quanto o otimista, e tanto o otimista como o pessimista são *cegos para possibilidades*. Eles não conhecem nenhum *evento* que daria uma virada surpreendente ao curso das coisas. Eles não têm a *fantasia do novo*, a *paixão pelo jamais sido*. Quem tem esperança aposta em possibilidades que apontam além do "pessimamente existente"[6]. A esperança nos capacita a escapar *do tempo fechado como prisão*.

A esperança também precisa ser diferenciada do "pensamento positivo" e da "psicologia positiva". Em rejeição à *psicologia do sofrimento*, a psicologia positiva tenta se ocupar exclusivamente com o bem-estar e a felicidade. Pensamentos negativos devem ser imediatamente substituídos por pensamentos positivos; portanto, o objetivo da psicologia positiva é aumentar a felicidade. Aspectos negativos da vida são completamente desconsiderados e o mundo é representado como um grande armazém, onde obtemos tudo o que pedimos.

---

6. BLOCH, E. *Das Prinzip Hoffnung*. Frankfurt: Suhrkamp, 1959, p. 167.

Segundo a psicologia positiva, cada um é o único responsável por sua própria felicidade. O culto à positividade faz com que pessoas que estejam passando por um mau momento se culpem, em vez de responsabilizar a sociedade por seu sofrimento. Reprime-se o fato de que o sofrimento sempre é *socialmente mediado*. A psicologia positiva psicologiza e privatiza o sofrimento, deixando intocado o contexto de ofuscação social que causa o sofrimento.

O culto à positividade isola as pessoas, torna-as egoístas e desmantela a empatia, porque as pessoas não se interessam mais pelo sofrimento dos outros. Cada um está preocupado apenas consigo mesmo, com sua própria felicidade, com seu próprio bem-estar. O culto à positividade no regime neoliberal dessolidariza a sociedade. Ao contrário do pensamento positivo, a esperança não vira as costas para as negatividades da vida. Ela permanece *ciente* delas. Além disso, ela não isola as pessoas, mas as conecta e reconcilia. *O sujeito da esperança é um nós.*

Na Epístola aos Romanos, está escrito: "A esperança que se vê não é esperança; porque o que alguém vê, como o esperará?" (Rm 8,24). A modalidade temporal da esperança é o *ainda--não*. A esperança abre-se para o *vindouro*, para o *ainda-não-ente*. Ela é um estado de espírito, uma *afinação* do espírito que nos eleva além do já dado, além do já existente. Segundo Gabriel Marcel, ela está entretecida na "trama de uma experiência em vias de devir", de uma "aventura ainda não concluída"[7]. Ter esperança significa "dar crédito à realidade"[8], crer nela, de modo a torná-la prenhe de futuro. Isso nos torna *credores do futuro*. Por outro lado, o medo nos tira toda a crença, retira da realidade todo o crédito e, assim, impede o futuro.

Com Derrida, podemos distinguir entre duas formas de futuro, a saber, *futur* e *avenir*[9]. O *futur* diz respeito a coisas que acontecerão

---

7. MARCEL, G. *Philosophie der Hoffnung*: Die Überwindung des Nihilismus. Munique: List Taschenbuch, 1964, p. 56.

8. MARCEL, G. *Sein und Haben*: Übersetzung und Nachwort Ernst Behler. Paderborn: Schöningh, 1954.

9. DERRIDA. Filme documentário. Direção: Amy Ziering e Kirby Dick, 2002.

mais tarde, amanhã, no próximo ano etc. O futuro como *futur* é previsível, planejável e calculável. Portanto, pode ser gerido. Por outro lado, o futuro como *avenir* refere-se a *eventos* que ocorrem de modo completamente inesperado. Ele escapa a qualquer cálculo e planejamento, abrindo um *espaço de possibilidade* indisponível. Anuncia a *chegada do outro*, que não é previsível. A *indisponibilidade* o caracteriza.

Experiências como felicidade profunda ou amor apaixonado têm seu *polo negativo*. Esse polo forma o solo onde elas enraízam e florescem. Sem profundidade, não há altura. Até mesmo o amor é paixão. Por isso, Simone Weil eleva o sofrimento à condição de possibilidade do amor: "Somente em meio ao sofrimento eu senti a presença de um amor como aquele ser e ter que se lê no sorriso de um rosto amado"[10]. Sem negatividade, não há intensidade possível. Ao *like* universalmente difundido, ao qual a experiência hoje se atrofiou, falta a negatividade. O *like* é a fórmula básica do consumo. Negatividades ou intensidades escapam

---

10. WEIL, S., *apud* PÉTREMENT, S. *Simone Weil*: Ein Leben. Leipziger: Leipziger Universitätsverlag, 2007, p. 471.

ao consumo. A esperança também é uma intensidade. Ela representa uma íntima *oração da alma*, uma *paixão* que desperta diante da negatividade do desespero.

A esperança como *paixão* não é passiva. Pelo contrário, ela tem seu próprio caráter resoluto e se assemelha à valente *toupeira da história*, que escava confiantemente intermináveis túneis pela escuridão. Nas *Preleções sobre a história da filosofia*, Hegel compara o espírito a essa toupeira em botas de sete léguas:

> Apenas o espírito é progresso. Com frequência, ele parece ter se esquecido, se perdido; mas internamente [...] ele está [...] avançando em seu trabalho – como Hamlet diz sobre o espírito de seu pai, "Bom trabalho, valente toupeira" –, até que, fortalecido dentro de si mesmo, ele rompe a crosta terrestre que o separava de seu sol, seu conceito, fazendo-a ruir. Nesses tempos, quando ele (o mundo até então) desmorona, um edifício sem alma e apodrecido, ele calçava as botas de sete léguas e agora se mostra modelado em nova juventude[11].

---

11. HEGEL, G.W.F. *Vorlesungen über die Geschichte der Philosophie*: Erster Teil. Frankfurt: Suhrkamp, 1970, p. 456.

O espírito da esperança também significa *progresso*. Ele *avança trabalhando* no meio da escuridão. Sem escuridão, não há luz.

O medo onipresente de hoje não decorre realmente de uma catástrofe permanente. Somos afligidos sobretudo por *medos difusos*, que são estruturalmente condicionados e, portanto, não podem ser atribuídos a eventos concretos. O regime neoliberal é um *regime do medo*. Ele isola o ser humano ao torná-lo *empresário de si mesmo*. A competição total e a crescente pressão por desempenho erodem a comunidade. O isolamento narcisista gera solidão e medo. Até mesmo nosso relacionamento conosco mesmos está cada vez mais marcado por medos: medo de falhar, medo de não atender às nossas próprias expectativas, medo de não acompanhar o ritmo ou medo de ficar para trás. É justamente esse medo ubíquo que aumenta a produtividade.

Ser livre significa estar livre de restrições. No entanto, no regime neoliberal, a própria liberdade gera coerções. Essas coerções não vêm de fora, mas de dentro. A pressão por desempenho e otimização são coerções da liberdade.

Liberdade e coerção se fundem. Nós nos submetemos voluntariamente à obrigação de sermos criativos, competitivos e autênticos.

Justamente a criatividade, invocada com tanta frequência, impede que nasça algo *radicalmente diferente, algo inauditamente novo.* Ela está associada a uma nova forma de produção. A sociedade do desempenho, na qual a criatividade é promovida, sucede como sociedade de serviço, a sociedade disciplinar nascida na era industrial. A criatividade se estabelece como um dispositivo neoliberal, ao qual, como a todo dispositivo, é inerente um caráter coercitivo. Ela serve apenas para aumentar a produtividade. O novo que esse dispositivo de criatividade vê como válido não é o *completamente outro.* Paradoxalmente, ele perpetua o igual. Portanto, não produz uma forma de vida diferente que vá além da produção e do consumo. O novo dentro da sociedade neoliberal de desempenho é, em última análise, uma forma de consumo.

A ênfase do radicalmente novo, que caracteriza a modernidade clássica, é estranha ao dispositivo de criatividade pós-moderno. A modernidade abriga o empenho por "começar do início, começar de novo". Antes de tudo, ela faz uma *tabula rasa*. Benjamin menciona uma série de artistas e escritores modernos que são entusiastas do "começar do início". Artistas e escritores que se despedem resolutamente da burguesia empoeirada "para se voltar para o contemporâneo nu, que grita como um recém-nascido deitado nas fraldas sujas desta época"[12]. O dispositivo de criatividade pós-moderno não está a caminho de um novo nascimento. Ele carece do *pathos* do novo, da paixão pelo novo, e apenas produz *variações do igual*. A autocriação e a autorrealização criativa também assumem um caráter coercitivo. Nós nos otimizamos, nos exploramos até a exaustão na ilusão de nos realizarmos. Essas restrições internas aumentam o medo e, em última análise, nos tornam depressivos. A autocriação é uma forma de autoexploração que serve para aumentar a produtividade.

---

12. BENJAMIN, W. Erfahrung und Armut. *In*: BENJAMIN, W. *Gesammelte Schriften*. Frankfurt: Suhrkamp, 1991, v. 2, n. 1, p. 213-219, esp. p. 216.

A comunicação digital intensifica o isolamento do ser humano. As redes sociais paradoxalmente desmantelam o aspecto social. Elas levam, em última instância, à erosão da coesão social. Estamos bem conectados em rede, mas não estamos realmente *vinculados*. O relacionamento é substituído pelo contato. Não há nenhum *toque*. Vivemos, portanto, numa *sociedade sem toque*. Ao contrário do toque, o contato não cria *proximidade*. O relacionamento com o outro definha radicalmente quando o outro, que deveria ser um "você", é rebaixado para um "isso", para um objeto que apenas satisfaz minhas necessidades ou confirma meu ego. O outro, no qual me vejo refletido, perde sua *alteridade*. A crescente narcisização da sociedade leva à falta de laços e de toques e intensifica o medo.

Nesse sentido, a esperança é um antítipo, até mesmo uma *disposição de ânimo contrária* do medo, pois ela não isola, mas *une e comunitariza*. Assim escreve Gabriel Marcel: "'Eu espero em ti por nós': esta é talvez a expressão mais adequada e abrangente do ato que o verbo 'esperar' pode reproduzir de modo obscuro e velado". Gabriel Marcel observa ainda: "A esperança nos parece, por assim dizer, magnetizada pelo amor ou talvez, mais precisamente, por um conjunto de imagens que evocam e irradiam esse amor"[13]. O medo e o amor excluem um ao outro. Na esperança, por outro lado, o amor está incluído. A esperança não isola. Ela reconcilia, une e alia. O medo não se coaduna com a confiança, nem com a comunidade, nem com a proximidade, nem com o toque. Ele só provoca alienação, solidão, isolamento, perda, impotência e desconfiança.

Em *O princípio esperança*, Bloch afirma que a esperança é "ensinável" como a virtude. Precisamos apenas querer "aprendê-la". O prefácio do livro começa com as palavras:

---

13. MARCEL, G. *Philosophie der Hoffnung*: Die Überwindung des Nihilismus. Munique: List Taschenbuch, 1964, p. 46.

> Uma vez, alguém partiu para longe para aprender o que era medo. Na época que acabou de passar, isso foi mais fácil e mais próximo; essa arte foi dominada de forma aterradora. Mas agora [...] um sentimento mais adequado para nós se faz necessário. Trata-se de aprender a esperança[14].

A esperança não é ensinável ou aprendível tal como a virtude. Onde domina o clima de medo, a esperança não desperta, pois o medo suprime a esperança. Portanto, é necessária uma *política de esperança* que crie uma *atmosfera* de esperança contra o *clima de medo*, contra o *regime do medo*.

Como o medo isola as pessoas, é impossível ter medo conjuntamente. O medo não cria *comunidade*, não traz um *nós*. Nele, cada um está isolado em si só. A esperança, por outro lado, contém uma dimensão do *nós*. Esperar significa ao mesmo tempo "*espalhar* esperança", levar adiante a chama, "nutrir a chama ao redor"[15]. A esperança é o fermento da revolução,

---

14. BLOCH, E. *Das Prinzip Hoffnung*. Frankfurt: Suhrkamp, 1959, p. 1.

15. MARCEL, G. *Geheimnis des Seins*. Viena: Herold, 1952, p. 481.

o fermento do novo: *Incipit vita nova.* Não há *revolução do medo.* Aqueles que têm medo se submetem ao domínio. Somente na esperança de um mundo diferente e melhor se forma um potencial revolucionário. Se hoje não é possível uma revolução, é porque não sabemos *ter esperança*, porque permanecemos no medo, porque a vida definha em sobrevivência.

O distópico filme de ficção científica *Children of men* reflete a sociedade de hoje, que se tornou depressiva e completamente desesperançada. Aqui, a humanidade caminha em direção ao seu fim, está ameaçada de ruína. Inexplicavelmente, há mais de dezoito anos nenhuma mulher fica grávida. Na cena inicial do filme, o mais jovem humano na Terra, o adolescente de dezoito anos "Baby Diego", é morto. O mundo é abalado por violência, terror, caos, xenofobia e catástrofes ambientais. Se a boa-nova dos oratórios de Natal anuncia "Uma criança nasceu para nós", a esterilidade da humanidade representa a completa falta de esperança. No entanto, como por milagre, uma mulher fica grávida. Ela deve ser levada para um local secreto, onde cientistas estão pesquisando a continuidade da humanidade. Na cena final, essa grávida, Kee, interpretada justamente por Clare-Hope Ashitey, é salva em mar agitado por um navio chamado *Amanhã*.

Mark Fischer observa sobre o filme:

> *Children of men* dá a entender que o fim já chegou e que poderia muito bem ser possível pensar que o futuro só oferecerá mais repetições e permutações girando em torno de si mesmas. Pode realmente ser que não haja mais rupturas com o velho, nenhum "choque do novo"? Tais medos resultam numa oscilação bipolar: a "frágil" esperança messiânica de que sempre haverá algo novo se converte na melancólica convicção de que nunca haverá algo novo[16].

Em *Children of men*, a humanidade cai numa depressão coletiva. O nascimento, que seria um sinônimo de futuro e que teria de trazer o *novo* à luz, não está acontecendo mais. O *vir-ao-mundo* como nascimento está completamente anulado. O mundo se assemelha a um inferno do igual. A depressão priva a humani-

---

16. FISCHER, M. *Kapitalistischer Realismus ohne Alternative?* Eine Flugschrift. Hamburgo: VSA, 2013, p. 9.

dade de toda a esperança. O futuro depressivo, exaurido é uma repetição permanente. *Nada se abre. Nada novo entra no mundo*. O futuro vivificante, inspirador, o *avenir*, está completamente ausente. Nenhuma partida, nenhum amanhã, nenhum *incipit vita nova* e nenhuma eclosão que nos leve para fora do igual, do velho, parecem possíveis. A depressão é diametralmente oposta à esperança como *paixão pelo novo*. A esperança é o salto, o elã, o ímpeto que nos liberta da depressão, do futuro esgotado.

Esperança e ação

Desde a Antiguidade, a esperança é contraposta à ação. A crítica bem-conhecida é a de que lhe falta resolução para agir. Aquele que espera não age. Ele fecha os olhos para a realidade. A esperança gera, sobretudo, ilusões e desvia as pessoas do presente, da vida aqui e agora. Albert Camus também abraça essa visão: "A esquiva mortal [...] – isto é, a esperança. A esperança de uma outra vida [...] ou a enganação daqueles que vivem não pela vida em si, mas por alguma grande ideia que a transcende, a sublima, lhe dá sentido e a trai"[17]. A esperança é equiparada à renúncia, ao não-querer-viver, à recusa à vida:

> Da caixa de Pandora, em que fervilhavam todos os males da humanidade sofredora, os gregos permitiram que a esperança, o mal mais terrível, escapasse por último. Não conheço símbolo mais comovente,

---

17. CAMUS, A. *Der Mythos des Sisyphos*. Reinbek: Grin, 2003, p. 17.

> pois esperar significa em última instância renunciar, embora as pessoas costumem acreditar no contrário. E viver significa: não renunciar[18].

Contrariamente à afirmação de Camus, a esperança permaneceu na caixa de Pandora. Ela não escapou. Vista assim, a esperança pode ser interpretada como o antídoto para todos os males da humanidade. Como um remédio, ela ainda está escondida. Não é fácil de encontrar. Ela faz com que, apesar de todos os males do mundo, não renunciemos. Nietzsche compreende a esperança como um decidido *sim à vida*, com um *apesar disso*: "Pois Zeus quis que o homem, por mais torturado que fosse pelos outros males, não jogasse a vida fora, mas continuasse a se deixar torturar incessantemente. Para isso, ele dá ao homem a esperança"[19].

Mas o que é realmente a "vida mesma" ou "vida em si", da qual supostamente a esperança "se esquiva", que ela até mesmo "trai"? É a vida que meramente se alimenta, a vida nutricional?

---

18. CAMUS, A. *Literarische Essays*. Reinbek: Rowohlt, 1959, p. 106.

19. NIETZSCHE, F. Menschliches, Allzumenschliches. *In*: COLLI, G.; MONTINARI, M. (eds.). *Kritische Studienausgabe*. Berlim: DTV, 1988, v. 2, p. 82.

A "vida em si", que pode prescindir de qualquer "ideia", qualquer "sentido", é mesmo concebível ou desejável? A liberdade, sem a qual a ação no sentido empático não seria concebível, já é uma ideia que dá sentido. Sem ideia, sem horizonte de sentido, a vida definha em mera sobrevivência ou, como hoje, em *imanência do consumo. Consumidores não têm esperança.* Eles apenas têm desejos ou necessidades e também não precisam de futuro. Onde o consumo se totaliza, o tempo se degenera em permanente presença da necessidade e da sua satisfação. A esperança não faz parte do vocabulário capitalista. *Quem tem esperança não consome.*

Camus apresenta uma concepção muito estreita de esperança. Ele lhe nega qualquer dimensão de ação. A dimensão ativa da esperança, que nos impulsiona à ação e nos inspira para o novo, é completamente desprezada. Sem esperança, não faz sentido tentar "dar forma aos sonhos mais visionários dela (da história)"[20]. No entanto, os sonhos mais visionários são *sonhos diurnos de esperança.*

---

20. CAMUS, A. Die Welt verändert sich rasch. *In*: CAMUS, A. *Weder Opfer noch Henker* – Über eine neue Weltordnung. Zurique: Diogenes, 1996, p. 38-42, esp. p. 42.

Segundo Camus, diante do absurdo, do qual a existência humana não pode escapar, desperta a nostalgia, a saudade de uma pátria: "Meu raciocínio quer permanecer fiel à evidência que o despertou. Essa evidência é o absurdo. É o divórcio entre o espírito que deseja e o mundo que decepciona, minha nostalgia de unidade"[21]. Quando Camus escreve que o pensamento em si é uma "nostalgia"[22], então a esperança lhe é necessariamente inerente. A esperança é uma forma de nostalgia. O pensamento que prescinde de qualquer esperança é, em última análise, um cálculo. Não produz nada de novo, nenhum futuro.

Em *O mito de Sísifo*, Camus professa uma paixão sem futuro, que se volta apenas para o presente:

> Resta um destino, em que apenas o fim é inevitável. À parte dessa fatalidade única da morte, tudo o mais representa alegria ou felicidade, liberdade. Resta um mundo cujo único senhor é o homem. O que o atava era a ilusão de outro mundo. A sorte

---

21. CAMUS, A. *Der Mythos des Sisyphos*. Reinbek: Grin, 2003, p. 67.

22. *Ibid.*, p. 66.

> de seu pensamento não é mais se negar, mas prosseguir em imagens. Esse pensamento ocorre em mitos – certamente –, mas em mitos que não têm outra profundidade senão a da dor humana e que são tão inesgotáveis quanto esta. Não é na fábula divina, que entretém e cega, mas no rosto, na ação e no drama deste mundo que uma sabedoria difícil e uma paixão sem futuro (*une passion sans lendemain*) se unem[23].

O presente sem sonhos não produz nada novo. Falta-lhe a paixão pelo novo, pelo possível, pelo recomeço. Sem futuro, a paixão não é possível. O presente reduzido a si mesmo, sem nenhum amanhã, sem nenhum futuro, não é a temporalidade da ação resoluta a ter a um novo começo. Pelo contrário, ela se degrada em *mera otimização do já dado, até mesmo do falsamente presente*. Sem nenhum horizonte significativo, nenhuma ação é possível. Felicidade, liberdade, sabedoria, amor humano, amizade, humanidade ou solidariedade, que Camus invoca incansavelmente, formam um horizonte de sentido que confere à ação um propósito, uma orientação. Eles são marcos miliários da esperança

---

23. *Ibid.*, p. 151.

ativa. Do contrário, como poderíamos entender aquela "lealdade à luz", na qual "nasci e na qual, por milênios, as pessoas aprenderam a dizer 'sim' à vida em meio a suas aflições"?[24] *A luz incide sempre de cima.*

Quando Camus, em seu discurso por ocasião da concessão do Prêmio Nobel, fala sem as restrições teóricas, realmente aflora nele a ideia de esperança, que ele, contudo, nunca explorou em sua filosofia. Contra sua vontade, ele evoca uma esperança completamente diferente quando fala do "suave sussurro das asas" ou do "leve murmúrio da vida e da esperança"[25]. Aqui, a esperança não é mais uma renúncia, uma esquiva, uma negação da vida, mas a vida mesma, *la vie même*. A vida e a esperança se fundem numa só. *Viver significa ter esperança.*

Para Spinoza, também, a esperança é irracional. Aquele que age "sob a condução da razão" não precisa esperar nem temer. Razão e esperança são colocadas uma contra a outra. A 47ª proposição de sua *Ética* diz: "Os afe-

---

24. CAMUS, A. *Literarische Essays*. Reinbek: Rowohlt, 1959, p. 178.

25. CAMUS, A. *Kleine Prosa*. Reinbek: Rowohlt, 1969, p. 32.

tos da esperança e do medo não podem ser, por si mesmos, bons". No escólio a essa proposição, Spinoza escreve:

> Portanto, quanto mais nos esforçamos por viver sob a condução da razão, mais nos esforçamos para depender menos da esperança, nos livrar do medo, dominar o destino tanto quanto possível e dirigir nossas ações de acordo com o conselho seguro da razão[26].

Spinoza aqui exclui a possibilidade de que a esperança abra um espaço de ação inacessível para a razão, pois a esperança constrói uma ponte sobre um abismo para dentro do qual a razão não é capaz de espreitar. Ela ouve um sobretom em que a razão é surda. A razão não reconhece os sinais do *vindouro*, do *ainda-não-nascido*. Ela é um órgão que segue o rasto do *já presente*.

A crítica convencional à esperança negligencia sua complexidade e tensões internas. A esperança vai muito além da espera passiva e dos desejos. Entusiasmo e elã são seus traços

---

26. SPINOZA, B. Die Ethik. *In*: SPINOZA, B. *Sämtliche Werke*. Stuttgart: JG Cotta, 1871, v. 2, p. 186.

fundamentais. Ela é até mesmo "um afeto militante" e "hasteia um estandarte"[27], com uma inerente determinação para a ação. Ela desdobra *elasticidade para a ação*. É preciso distinguir entre a esperança passiva, ociosa e fraca e a esperança ativa, diligente e forte. A esperança passiva realmente se assemelha a um desejo sem força. A *esperança ativa e forte*, no entanto, inspira as pessoas a ações criativas e eficazes.

O desejo ou expectativa estão relacionados a um objeto ou uma ocorrência intramundana. Eles são *pontuais*. A esperança, por outro lado, desenvolve uma *narrativa* que conduz ações. A extensão e amplidão narrativas a distinguem. Ao contrário do desejo, ela estimula a imaginação narrativa. Ela *sonha ativamente*. Ao desejo é inerente um sentimento de falta, enquanto a esperança possui uma *plenitude própria*, uma *luminosidade própria*. Uma esperança forte não carece de nada. *Esperança transbordante* não é um oximoro. A esperança

---

27. BLOCH, E. *Das Prinzip Hoffnung*. Frankfurt: Suhrkamp, 1959, p. 127.

é uma força, um impulso. Um desejo, por outro lado, nunca é *vigoroso*.

A quem tem esperança o mundo aparece sob uma luz diferente. Ele recebe da esperança um *brilho* especial. O desejo ou expectativa não têm esse poder de transformar, revelar e iluminar o mundo. Eles apenas aguardam eventos ou objetos intramundanos que os satisfaçam. Cumprimento ou satisfação são estranhos à esperança. A esperança não está vinculada a um objeto ou a uma ocorrência intramundana. É um estado de ânimo, até mesmo um estado de ânimo fundamental, que determina e *afina* continuamente a existência humana. Ele até pode ser intensificado para um estado de *entusiasmo* e *exaltação*. Essa dimensão afetiva da esperança é completamente ignorada por Terry Eagleton quando ele escreve:

> Falar esperançosamente significa usar palavras de certa maneira, e não impregná-las com algum afeto. Mesmo que você sinta apenas um niilismo indomável enquanto consola alguém, as palavras esperançosas ainda são palavras esperançosas. [...] Seria evidente que uma esperança pode ser muito real, mesmo sem estar ligada a algum sentimento, por mínimo que seja. [...]

> Quando perguntamos "O que você espera alcançar?", estamos solicitando um relato sobre um projeto, não sobre um estado subjetivo. [...] Como qualquer virtude, ela é um hábito adquirido de pensar, sentir e atuar de determinada maneira[28].

A esperança como estado de ânimo, como um ânimo fundamental, é pré-linguístico, pré-verbal. Ela determina e *afina* a linguagem.

A esperança experimentada em sua mais alta intensidade não pode ser habitualizada como um costume ou uma virtude, que possamos adquirir ou conscientemente induzir. É inerente a ela uma transcendência que ultrapassa a imanência da vontade. Também o medo, como estado de ânimo, escapa à vontade. Ele nos assalta. O estado de ânimo difere fundamentalmente do hábito e os hábitos não se formam instantaneamente. Em contraste, somos *deslocados* para um estado de ânimo. Nós caímos nele e ele pode nos *assaltar, capturar e transformar*.

Nas *Investigações filosóficas*, Wittgenstein levanta uma questão muito interessante: "Po-

---

28. EAGLETON, T. *Hoffnungsvoll, aber nicht optimistisch*. Berlim: Ullstein Ebooks, 2016, p. 103s.

demos imaginar um animal raivoso, temeroso, triste, alegre, assustado. Mas esperançoso? E por que não?" Para essa questão especulativa, o próprio Wittgenstein oferece uma resposta:

> O cão acredita que seu dono está à porta. Mas ele pode acreditar que seu dono virá depois de amanhã? – E o que ele não pode? – E eu, como o faço? Que resposta devo dar a isso? Só pode ter esperança quem pode falar? Apenas aquele que domina o emprego de uma linguagem. Isto é, os fenômenos da esperança são modificações desta forma de vida complicada[29].

Não podemos negar completamente qualquer capacidade linguística aos animais. No entanto, a linguagem animal tem uma estrutura temporal completamente diferente da linguagem humana. Falta-lhe o futuro no sentido empático. A esperança habita o futuro. Embora o animal possa falar no sentido de emitir sinais portadores de significado, ele não pode *prometer*. Além disso, a linguagem dos animais não é narrativa, portanto, eles não

---

29. WITTGENSTEIN, L. Philosophische Untersuchungen. *In*: WITTGENSTEIN, L. *Werkausgabe in 8 Bänden*. Frankfurt: Suhrkamp, 1984, v. 1, p. 489.

podem *narrar*. Ao contrário do desejo, de que o animal certamente é capaz, a esperança é estruturada narrativamente. A narrativa pressupõe uma pronunciada consciência de tempo. O animal não consegue desenvolver a ideia de *amanhã*, pois esta tem um caráter narrativo. Ele não tem acesso a esse *futuro narrativo*.

A esperança tem um *núcleo ativo*. O espírito da esperança anima e inspira nossas ações. A respeito dessa esperança ativa, forte e resoluta, Erich Fromm escreve:

> A esperança é paradoxal. Ela não é nem uma espera inativa, nem um irrealista desejo de forçar circunstâncias que não podem acontecer. É como um tigre agachado, esperando para saltar apenas quando chegar a hora de saltar. [...] Esperar significa estar pronto a qualquer momento para o que ainda não nasceu. [...] Quem tem uma forte esperança reconhece e ama todos os sinais da vida e está sempre preparado para ajudar a trazer à luz o que está pronto para nascer[30].

A esperança é prospectiva e presciente. Ela nos dá uma força de ação e visão de que nem

30. FROMM, E. Die Revolution der Hoffnung – Für eine Humanisierung der Technik. *In*: FROMM, E.; FUNK, R. (eds.). *Gesamtausgabe*. Stuttgart: DTV, 1989, v. 4, p. 267.

a razão nem o entendimento seriam capazes. Ela aguça nossa atenção para o que ainda-não-é, para o ainda-não-nascido, que começa a despontar no horizonte do futuro. Ela é a *parteira do novo*. Sem esperança, não há *partida*, não há *revolução*. É perfeitamente concebível que até mesmo a evolução seja impulsionada por uma esperança inconsciente. A esperança é a força vivificante por excelência, que inerva a vida e a salva da rigidez, da paralisia. A esperança, como um "estado de ser", como *estado de ânimo*, é, segundo Erich Fromm, a "prontidão interior", a "prontidão para uma atividade intensa, mas ainda não consumida"[31]. É, portanto, uma fonte interna de ação e atividade. Ela nos leva além do estado ativo gasto, além da mera industriosidade e ativismo, rumo a uma atividade ainda por exercer, e nos põe em contato com a frescura do ainda-não-nascido. Ela *renova* nosso atuar.

Com Nietzsche, podemos entender a esperança como um estado especial do espírito que se assemelha a uma *gravidez*. Ter esperança é estar pronto para o nascimento do novo:

---

31. *Ibid.*

> Há estado mais consagrado do que o da gravidez? Tudo o que se faz, fazer na calma crença de que de algum modo será em proveito do que está se tornando em nós! De que *aumentará* seu misterioso valor, no qual pensamos com deleite! Então, se evita muita coisa sem precisar se coagir duramente a si mesmo! Então, se suprime uma palavra forte, dá-se conciliadoramente a mão: a criança deve nascer do que há de melhor e mais brando. Assustamo-nos diante de nossa rispidez e subtaneidade: como se estas vertessem uma gota de desgraça no cálice da vida do amadíssimo desconhecido! Tudo é velado, cheio de pressentimento, nada sabemos sobre como isso sucede, esperamos e buscamos estar *prontos*. Ao mesmo tempo, reina em nós um puro e purificador sentimento de profunda irresponsabilidade, quase como o de um espectador perante a cortina fechada – ele cresce, se manifesta: não temos nada em mãos para determinar, nem seu valor, nem sua hora. Dependemos unicamente de qualquer influência indireta, abençoadora e defensora: "Aqui está crescendo algo maior do que somos" é a nossa esperança mais secreta[32].

Com esperança, nós nos elevamos acima do pessimamente existente. Nós o *perdoamos* na

---

32. NIETZSCHE, F. Morgenröte. *In*: COLLI, G.; MONTINARI, M. (eds.). *Kritische Studienausgabe*. Berlim: DTV, 1988, v. 3, p. 322.

expectativa do completamente diferente. O *perdão* prepara o terreno para o novo, para o outro.

A esperança traz uma grande brandura, uma serenidade alegre, até uma profunda *amistosidade*, pois não força nada. Como Nietzsche corretamente formula, ela é uma disposição orgulhosa e branda. Ter esperança significa estar *intimamente pronto para o vindouro*; aumenta a atenção para o que ainda-não-é, sobre o qual não podemos exercer influência direta. Até mesmo o pensar e o agir têm essa dimensão *contemplativa* do ter esperança, ou seja, do receber, pressentir, aguardar e permitir que aconteça desimpedidamente. Uma ação pura é *sem consagração*. A suprema atividade tem no seu núcleo interno uma *dimensão da inatividade*. O ter esperança nos consagra ao reino do ser que escapa à vontade. O querer não alcança a célula germinal da criação:

> Nessa consagração se deve viver! Pode-se viver! E seja a coisa esperada um pensamento, um ato – não temos com toda realização essencial outra relação senão a da gravidez e deveríamos soprar ao vento o presunçoso discurso de "querer" e "criar"![33]

---

33. *Ibid.*, p. 322s.

Martin Luther King expressa muito bem o lado ativo da esperança. Em seu famoso discurso *I have a dream*, ele diz:

> Com essa fé nós poderemos esculpir da montanha do desespero uma pedra de esperança. Com essa fé poderemos transformar os acordes dissonantes de nossa nação numa bela sinfonia de fraternidade. Com essa fé poderemos trabalhar juntos, rezar juntos, lutar juntos, ir para a prisão juntos, defender a liberdade juntos, sabendo que um dia haveremos de ser livres[34].

Martin Luther King não é um otimista, pois a montanha do desespero precede a pedra da esperança. Seu sonho é um sonho diurno. É a esperança que gera sonhos diurnos e estimula a fantasia da ação. Certamente existem também sonhos diurnos que escapam da realidade e se dissipam rapidamente. Eles não diferem de ilusões e fantasias de desejos distantes da realidade. No entanto, a esperança ativa nutre sonhos diurnos que apontam o futuro, constroem o futuro e que são ancorados na realidade. A esperança ativa se manifesta

---

34. KING, M. L. Ich habe einen Traum. *In*: KING, M.L.; BAHR, H.E.; GROSSE, F. (eds.). *Mein Traum vom Ende des Hassens*: Texte für heute. Friburgo: Herder, 1994, p. 85-90, esp. p. 89.

como a recusa em se contentar com o pessimamente existente. Em seus sonhos diurnos, ela está *resoluta a agir*. Sonhos diurnos são, em última análise, *sonhos de ação*. São sonhos que apagam o pessimamente existente, em favor de uma vida nova, melhor.

Sonhos diurnos pintam o vindouro, o que ainda-não-é, o ainda-não-nascido. Eles estão voltados para o futuro, enquanto nos sonhos noturnos se manifesta o passado. Sonhos diurnos sonham para frente, ao passo que os sonhos noturnos sonham para trás:

> Pois se confirma repetidamente: o que é exclusivamente reprimido para baixo, o encontrável no subconsciente, é em si apenas o solo do qual os sonhos noturnos surgem e, às vezes, o veneno que causa os sintomas neuróticos [...]. O esperado-pressentido, por outro lado, contém o tesouro possível, de onde provêm as grandes fantasias diurnas[35].

Enquanto Freud rebaixa os sonhos diurnos para uma mera etapa preliminar dos so-

35. BLOCH, E. *Das Prinzip Hoffnung*. Frankfurt: Suhrkamp, 1959, p. 182.

nhos noturnos[36], Bloch concebe os sonhos diurnos como uma entidade independente dos sonhos noturnos. O eu dos sonhos noturnos é introvertido, voltado para si mesmo, e não se abre para os outros:

> O eu do sonho desperto pode se expandir a ponto de representar outros juntamente com ele. Assim, alcançamos o terceiro ponto que distingue os sonhos diurnos dos noturnos: a amplitude humana os distingue. Quem dorme está sozinho com seus tesouros; o eu do entusiasta pode se relacionar com outros. Se o eu não estiver mais introvertido dessa maneira ou não se relacionar apenas com seu ambiente imediato, então seu sonho diurno deseja se aprimorar publicamente. Até mesmo sonhos de raiz privada desse tipo se aplicam ao que está interno apenas porque querem melhorá-lo em comunidade com outros eus[37].

---

36. Cf. FREUD, S. Vorlesungen zur Einführung in die Psychoanalyse. *In*: FREUD, S. *Gesammelte Werke*. Frankfurt: S. Fischer, 1944, v. 11, p. 387: "Sabemos que tais devaneios são o núcleo e o protótipo dos sonhos noturnos. O sonho noturno é, no fundo, nada mais senão um devaneio que se tornou aproveitável devido à liberação dos impulsos instintuais à noite e distorcido pela forma noturna da atividade psíquica".

37. BLOCH, E. *Das Prinzip Hoffnung*. Frankfurt: Suhrkamp, 1959, p. 102s.

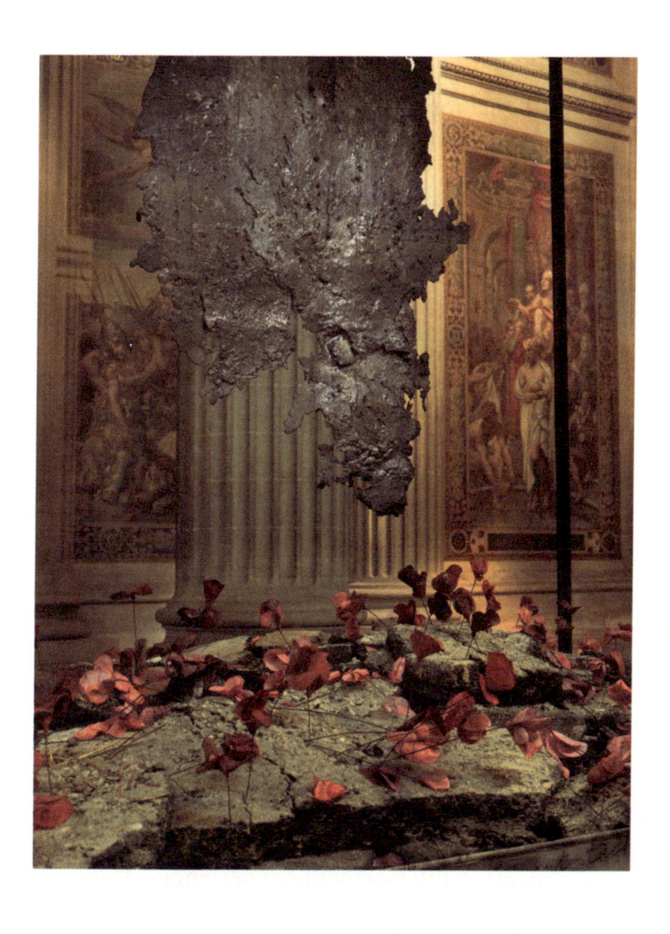

Sonhos noturnos não nos incitam a agir em conjunto. Neles, cada um está isolado em si mesmo. Sonhos diurnos, por outro lado, têm uma dimensão do *nós*, pronta para agir a fim de melhorar o mundo. Apenas os sonhadores diurnos são capazes de revolução.

Os sonhos diurnos têm um potencial utópico, apresentam uma dimensão política, enquanto os sonhos noturnos não vão além do privado. Apenas nos sonhos diurnos são possíveis a beleza, a sublimidade e a transfiguração. Os sonhos noturnos carecem de qualquer amplitude utópica, qualquer impulso utópico. Eles são avessos à ação. Os revolucionários sonham durante o dia, *sonham para frente*, e o fazem coletivamente. Os sonhos de aprimoramento do mundo são sonhos diurnos gerados por uma forte esperança. A esperança não tem vez nos sonhos noturnos. Eles são, na maioria das vezes, *sonhos de desejo e medo*. Segundo Freud, a função dos sonhos é processar ulteriormente experiências traumáticas do passado. Os sonhos noturnos não têm dimensão futura.

Em *A condição humana*, Hannah Arendt observa que "fé e esperança" são

> as duas características essenciais da existência humana que os gregos ignoraram por completo, considerando a manutenção da fé como uma virtude rara e não muito importante para o curso de seus assuntos políticos, e a esperança como o mal da caixa de Pandora que cega os homens[38].

Como Arendt eleva explicitamente a esperança a uma das características essenciais da existência humana, é de surpreender que ela não tenha feito questão de explorá-la expressamente. *A condição humana*, de Arendt, carece de uma teoria da esperança. Ela não atribui à esperança nenhum papel constitutivo na ação.

Segundo Arendt, agir significa começar algo novo por iniciativa própria. O ser humano, por seu nascimento, é um recém-chegado ao mundo e, por isso, pode tomar iniciativa e pôr algo novo em andamento. No entanto,

---

38. ARENDT, H. *Vita activa oder Vom tätigen Leben*. Munique: Piper, 1967, p. 243.

uma contingência radical determina a ação humana. As pessoas são capazes de iniciar algo novo, mas totalmente incapazes de controlá-lo e prever suas consequências. Ninguém realmente sabe o que está fazendo quando age. Segundo Arendt, o ser humano se faz *culpado* ao agir, e precisamente ao "assumir uma culpa por consequências que nunca intencionou ou nem sequer podia prever"; e "não importa quão desastrosas e inesperadas possam vir a ser as consequências de seu ato, ele nunca será capaz de desfazê-lo"[39]. Isso coloca sobre o ser humano o peso da irrevogabilidade e da imprevisibilidade das consequências de sua ação.

Diante da inevitável *culpa* do agente, Arendt traz o "perdão" para a equação. O perdão perdoa a culpa inerente à ação e faz com que nos libertemos reciprocamente das consequências do que fizemos. É, segundo Arendt, um "remédio" contra a irrevogabilidade e a imprevisibilidade do processo iniciado pela ação, contra a impossibilidade de anular o que

---

39. *Ibid.*, p. 228.

foi feito. Apenas a capacidade de perdoar nos permite "manejar de alguma forma um poder tão tremendo e tremendamente perigoso como o da liberdade e do começar"[40].

O perdoar refere-se ao passado quando anula o que aconteceu e cria novamente espaços para o recomeço. No entanto, agimos em direção a um futuro incerto. O perdão não é capaz de superar essa contingência, que é devida à futuridade da ação. A imprevisibilidade e a insondabilidade do coração humano espalham a névoa da incerteza. Diante da imprevisibilidade do futuro, Arendt introduz a ideia da promessa. A promessa busca erguer "ilhas seguras de previsibilidade precisamente delimitadas" no "oceano de incerteza"[41]. Ela nos dá a capacidade de "dispor do futuro como se fosse presente"[42]. Portanto, a promessa torna o futuro previsível e disponível. Arendt recorre a Nietzsche, que apontou a "consciência de poder e de liberda-

---

40. *Ibid.*, p. 235.

41. *Ibid.*, p. 240.

42. *Ibid.*, p. 241.

de" que recai naquele "que dá sua palavra como algo seguro, porque sabe que é forte o suficiente para mantê-la até mesmo contra acidentes, até mesmo 'contra o destino'"[43].

O passado se torna *manejável* graças ao perdão, e o futuro, graças à promessa. Perdoar e prometer, segundo Arendt, são duas condições fundamentais para a ação humana. São, de certa forma, "mecanismos de controle, incorporados à faculdade mesma de iniciar e liberar novos e infindáveis processos"[44]. Sem a capacidade de desfazer o que foi feito e manter sob algum controle os processos desencadeados por nós, Arendt argumenta que a ação não é possível, e sem isso ficamos sujeitos à lei que "governa a vida dos mortais e os faz correr inelutavelmente da hora do nascimento à morte"[45]. Somente a capacidade de agir interrompe o processo de vida automático. Sem a capacidade do recomeço, estamos condena-

---

43. *Ibid.*

44. *Ibid.*

45. *Ibid.*

dos a "sempre arrastar para a ruína tudo o que é especificamente humano"[46].

Diante dos processos automáticos que determinam o curso do mundo, cada ação humana, segundo Arendt, assume o caráter de um milagre:

> Que há neste mundo uma capacidade puramente terrena de operar "milagres" e que essa capacidade miraculosa não é nada senão a ação. Isso Jesus de Nazaré [...] não só o sabia, como também o expressou quando comparou o poder de perdoar com o poder de quem realiza milagres, pondo ambos no mesmo nível e entendendo-os como possibilidades ao alcance do ser humano[47].

O milagre que interrompe repetidamente o curso do mundo e o salva da perdição, segundo Arendt, é o "fato da natalidade", o "ter nascido", que "é a pressuposição ontológica de poder haver ação em geral". Somente neste ponto Arendt fala da esperança:

---

46. *Ibid.*

47. *Ibid.*, p. 243.

> O "milagre" reside no fato de que pessoas nascem, e com elas o novo começo que podem, agindo, realizar em virtude de terem nascido. Somente onde há a plena experiência desse aspecto da ação, pode haver algo como "fé e esperança" [...]. A capacidade de confiar no mundo e de ter esperança pelo mundo talvez não tenha sido expressa de forma mais sucinta e bela em lugar algum do que nas palavras com as quais os oratórios de Natal proclamam "a boa-nova": "uma criança nasceu para nós"[48].

Esses são os esboços da teoria da ação de Arendt. Para Arendt, a esperança não é essencial para a ação. As pessoas só podem ter esperança porque podem agir. Para a ação mesma, a esperança não é relevante. Arendt não percebe a primordialidade da esperança, que a torna o motor da ação. Na realidade, é a esperança que precede a ação, e não o contrário. Não é a ação, mas sim a esperança, que causa *milagres*.

Arendt obviamente não consegue incorporar a esperança em sua teoria da ação, porque

---

48. *Ibid.*

a esperança, em seu âmago, tem características contemplativas. Apesar de sua proximidade da ação, ela não pertence à esfera da *vita activa*. O contemplativo é fundamentalmente suspeito para Arendt. Seu conceito de ação se refere exclusivamente à atividade, à iniciativa voluntária. Assim, Arendt deixa de perceber que, na esperança, *vita activa* e *vita contemplativa* perfazem uma bela síntese.

As pessoas podem agir *porque* podem ter esperança. O recomeço não é possível sem esperança. O espírito da esperança inspira a ação. Ele lhe proporciona uma *paixão pelo novo*. Assim, a ação se torna *paixão*. Quem não *sonha para frente* não arrisca um novo começo. Sem o espírito da esperança, a ação se definha em mero fazer ou em resolução de problemas.

A esperança busca *redenção*. A boa-nova "Uma criança nasceu para nós" é uma expressão genuína de esperança. A esperança não se refere à ação. Ela a precede. Nos oratórios de Natal, são precisamente a fé e a esperança que provocam a alegria:

Jubilai, regozijai, ide, louvai os dias
Exaltai o que o Altíssimo fez hoje!
Deixai a hesitação, expulsai o lamento
Entoai júbilo e alegria!

A teoria do perdão de Arendt não faz justiça ao fenômeno do perdão. Ninguém pode me perdoar por coisas que eu não tenha expressamente desejado. Eu não posso pedir perdão a ninguém para as consequências não intencionais das minhas ações. Elas remetem à contingência da própria ação, pela qual ninguém pode ser responsabilizado. Aqui estamos lidando com uma *culpa ontológica*, para a qual não há perdão. Ela expressa a finitude da existência humana, da própria liberdade humana. Ser culpado significa aqui que o homem está exposto às consequências de suas ações e que elas escapam ao seu livre-arbítrio. Apenas um Deus absoluto seria isento de culpa, um Deus infinitamente livre, capaz de penetrar todas as consequências de suas ações.

Heidegger, com o ser-culpado, volta o olhar para essa finitude da existência humana que decorre do fato de o homem não ter estabelecido, ele próprio, o fundamento do seu ser. Também para essa culpa ontológica não há perdão. O perdão refere-se a um ato intencionado, *de maneira independente de suas consequências imprevisíveis*. A contingência não é objeto de perdão. *Não o perdão, mas sim a esperança abre espaços de manobra para um novo começo*. Ela garante que desconsideremos explicitamente as consequências negativas de um processo iniciado por nosso agir e nos abramos novamente para o *possível*. Com a esperança, despedimo-nos do passado e voltamo-nos para o futuro, para o possível, para o que ainda-não-é.

Além disso, a esperança pressupõe o futuro aberto, que também implica *eventos* não intencionados, imprevisíveis e não antecipadamente controláveis. Se, por meio do poder da promessa, realmente *fechamos* o tempo por completo, ou seja, "dispomos do futuro como se fosse presente", a esperança torna-se desnecessária. Tanto a esperança quanto a confiança pressupõem um horizonte *aberto*. Confiança significa construir um relacionamento positivo com o outro, apesar de nosso não-saber. Ela torna as ações possíveis mesmo na ausência de saber. O saber, em contrapartida, torna a confiança desnecessária. Arendt, por sua vez, afirma que a "força vinculante da promessa recíproca" "se reflete finalmente no contrato". O contrato não se baseia na confiança e na promessa, mas sim na violência. Onde há confiança absoluta ou uma promessa absoluta, o contrato torna-se desnecessário. No contrato, a violência está em jogo na medida em que a quebra do contrato pode acarretar consequências negativas, como punição e sanção. Fechamos contratos, porque não podemos confiar. A confiança exclui a possibilidade de violência. Até mesmo a lei, na qual acordamos, tem um caráter contratual. É precisamente a *antecipação de uso da violência* que obriga os contratantes a cumprir o contrato ou a lei. O contrato elimina radicalmente os espaços de confiança. Dependemos da confiança, porque não podemos determinar juridicamente todos os relacionamentos interpessoais. A confiança facilita as interações sociais.

A interpretação da boa-nova por Arendt faz desaparecer principalmente sua dimensão escatológica. A esperança cristã não encontra lugar na imanência do agir, mas na transcendência da fé. Em sua *Teologia da esperança*, Jürgen Moltmann escreve:

> A esperança cristã se orienta para um *novum ultimum*, para a recriação de todas as coisas pelo Deus da ressurreição de Cristo. Assim, ela abre um horizonte futuro abrangente, que inclui até mesmo a morte, um horizonte no qual ela pode e deve inserir também as esperanças e renovações limitadas da vida, despertando-as, relativizando-as e dando-lhes direção[49].

A esperança cristã não leva à passividade inativa. Pelo contrário, ela impulsiona à ação, estimulando a imaginação para a ação e despertando o "dom da invenção" "ao romper com o antigo e se preparar para o novo"[50]. Ela não foge do mundo, mas "anseia pelo futu-

---

49. MOLTMANN, J. *Theologie der Hoffnung*. Untersuchungen zur Begründung und zu den Konsequenzen einer christlichen Eschatologie. Munique: Chr. Kaiser, 1966, p. 28.

50. *Ibid.*, p. 29.

ro"[51]. Sua essência não é a retirada quietista, mas o "*cor inquietum*" (o coração inquieto). Na esperança, o mundo não é ignorado nem omitido. Pelo contrário, ela o enfrenta em toda sua negatividade e *protesta* contra ele. Assim, ela alimenta o espírito da revolução: "Sempre a esperança cristã foi, nesse sentido, revolucionariamente eficaz na história intelectual das sociedades alcançadas por ela"[52]. O espírito da esperança é caracterizado pela resolução de agir. Quem espera é *inspirado pelo novo*, pelo *novum ultimum*. A esperança arrisca o *salto para uma nova vida*.

A esperança absoluta desperta diante da *negatividade do desespero absoluto*. Germina na proximidade do *abismo*. A negatividade do desespero absoluto descreve uma situação em que nenhum agir parece mais realmente possível. Desponta no momento em que a narrativa que constitui a nossa vida desmorona completamente. A narrativa consiste em relações de significado que determinam o que é bom,

---

51. *Ibid.*, p. 15.

52. *Ibid.*, p. 29.

bonito, significativo, valioso ou desejável. O colapso total da narrativa destrói o mundo, a vida, ou seja, todos os valores e normas que nos norteiam. Na sua radicalidade, ele significa o *colapso da linguagem*, sim, o *colapso dos conceitos* nos quais uma vida pode ser descrita e compreendida.

O agir só é possível no interior da teia de relações de significado. Se esta se rompe, só é possível um fazer sem sentido, ou uma ação cega. O que pode nos resgatar desse desespero absoluto? Aqui não se trata apenas de resolver um problema ou superar um conflito. Os problemas representam *deficits* ou disfunções num contexto de vida intacto em que poderiam ser eliminados para restaurar a integridade. Contudo, onde o próprio contexto da vida se desmorona irremediavelmente, *não há sequer* problemas que possam ser resolvidos. Aqui, nenhuma solução para os problemas, mas, talvez, apenas uma *redenção* nos libertaria da negatividade absoluta do desespero.

Quanto mais profundo é o desespero, mais intensa é a esperança. Essa é a *dialética da es-*

perança. A negatividade do desespero aprofunda a esperança. A esperança que voa alto tem raízes mais profundas. Nisso, ela difere do otimismo. Este não tem negatividade alguma. A esperança absoluta torna o agir novamente possível em meio ao desespero profundo. Ela é preenchida pela crença inabalável de que há um *sentido*. Apenas a fé no *dotado de sentido* nos fornece orientação e amparo.

Para Paul Celan, a esperança significa a "condição do imperdido". No entanto, a firme crença nessa condição só surge diante de perda total, diante de um desamparo total. A esperança só é possível quando quebrada, tal como a felicidade profunda. Está inscrita nela a *condição de quebrada*. A *negatividade da quebra* revigora, anima a esperança. A luz brilhante da esperança se nutre paradoxalmente da escuridão mais profunda. Essa dialética, todavia, falta ao otimismo.

Paul Celan eleva a própria linguagem a um lugar eminente de esperança, que se afirma contra o terrível silêncio, contra o alarmante mutismo:

> De alcançável, de próxima e de imperdida dentre as perdas só restou uma coisa: a linguagem. Sim, ela, a linguagem não se perdeu apesar de tudo. Porém, ela tinha de passar por tudo isso – pela sua própria falta de resposta, por um terrível emudecimento, pelas mil escuridões de um discurso mortal. Ela passou por tudo isso e não encontrou palavras para o que acontecia – mas ela passou pelo acontecido. Passou e pôde emergir novamente, "enriquecida" por tudo isso[53].

É inerentemente à esperança um "apesar de". Ela *desafia* até mesmo o *desastre absoluto*. A estrela da esperança está ao lado da *má estrela*, do desastre (do latim *des-astrum*). Sem a negatividade do desastre e do *apesar de*, só há a banalidade do otimismo. A negatividade da esperança se adensa num *apesar de* na obra de Ingeborg Bachmann. Justamente a linguagem, a poesia, representa esse *apesar de*. *Enquanto o poeta falar, haverá esperança no mundo*:

---

53. CELAN, P. Rede anlässlich der Verleihung des Literaturpreises der Freien Hansestadt Bremen. *In*: CELAN, P. *Gesammelte Werke in fünf Bänden*. Frankfurt: Suhrkamp, 1983, v. 3, p. 185-186.

> Eu realmente acredito em algo e chamo isso de "Virá um dia". E um dia essa coisa virá, sim, provavelmente não virá, porque ela sempre nos foi destruída. Por tantos milhares de anos, sempre a destruíram. Ela não virá e, apesar disso, acredito nela, pois, se não acreditasse nela, também não poderia mais escrever[54].

A esperança é o fermento da escrita. A poesia é uma linguagem da esperança.

Ingeborg Bachmann eleva a esperança à *condição de possibilidade da vida*. Ela representa, por excelência, *a conditio* humana. É a esperança que guia a ação. Nisso, Bachmann difere radicalmente de Arendt. O agir, que tem a mais alta prioridade para Arendt, é subordinado à esperança em Bachmann. É justamente a esperança que fornece o elã para a ação. *O ser humano vive enquanto tem esperança.* Bachmann salienta repetidamente a constituição *paradoxal, aporética* da esperança:

> *Boêmia fica à beira-mar* é o poema em que sempre acreditarei. É dirigido a todas as

54. BACHMANN, I. *Ein Tag wird kommen*: Gespräche in Rom – Ein Porträt von Gerda Haller. Salzburgo/Viena: Jung und Jung, 2004, p. 55.

> pessoas, porque é o país de sua esperança, que elas nunca alcançarão; e *apesar disso* elas devem ter esperança, pois, do contrário, não poderiam viver. [...] É uma utopia, ou seja, um país que não existe de fato, pois, obviamente, a Boêmia não fica à beira-mar, todos sabemos disso. Mas fica, sim, à beira-mar. [...] Isso significa que é algo inconciliável. [...] E quem não tem esperança, quem não vive, quem não ama e quem não espera por esse país, não é um ser humano para mim[55].

A tensão entre o impossível e o "apesar de" como um ato de fé abre o caminho para o futuro, mantém a linguagem ereta. Um "apesar de" torna a vida possível.

Bachmann mergulha seu poema de esperança *Boêmia fica à beira-mar* no verde, na cor da esperança: "Se aqui são verdes as casas, ainda entro numa casa. / Se aqui estão intactas as pontes, caminho em solo firme". A esperança torna possível o *entrar em casa*. Ela promete uma *casa*, uma *pátria* e constrói uma ponte sobre o intransitável, sobre o abismo. Ela nos dá orientação e amparo. Quem tem esperança "caminha em solo firme". Bachmann aferra-se

---

55. *Ibid*, p. 79ss. Itálico de B.-C. Han.

ao conceito de "condição de imperdido" de Celan. Chega-se ao solo firme quando, paradoxalmente, se chega ao fundo. O estado de perdido e o estado de imperdido se fortalecem mutuamente:

> Se o esforço do amor é em toda época
> perdido, prefiro perdê-lo aqui.
> [...] Não quero mais nada para mim. Quero
> ir ao fundo.
> Ao fundo – isto é, ao mar, onde reencontro
> Boêmia.
> Afundada, desperto tranquilamente.
> Profundamente agora sei, e estou imperdida.

Numa parábola, Kafka ilustra a *esperança contra toda esperança*. O protagonista da parábola é significativamente chamado "Desesperança":

> Desesperança navegava num pequeno barco ao redor do Cabo da Boa Esperança. Era de manhã cedo, soprava um vento forte, Desesperança ergueu uma pequena vela e recostou-se pacificamente. O que ele poderia temer dentro do barquinho, que, com seu minúsculo calado, deslizava sobre todos os recifes dessas águas perigosas com a agilidade de um ser vivo[56].

---

56. KAFKA, F. Nachgelassene Schriften und Fragmente I. *In*: KAFKA, F. *Kritische Ausgabe*. Frankfurt: S. Fischer, 1993, p. 413.

A esperança absoluta é uma esperança desesperançada ou uma esperança do desesperançado, pois desperta diante da total ausência de esperança. Ela se solta da negatividade do desespero absoluto e é caracterizada por um resoluto "apesar disso". Como permanente *estado da existência*, ela não está a caminho de um objetivo concreto, de um porto próximo. O "Desesperança" de Kafka *não chega*. *Não-chegar* é a característica principal da esperança absoluta. Ela confere serenidade e confiança à vida. Assim, o "Desesperança" de Kafka recosta-se pacificamente em meio às águas perigosas.

A negatividade é essencial para a esperança desesperançada. Na Epístola aos Romanos, Paulo escreve: "E ele [Abraão] creu na esperança, mesmo quando não havia nada para esperar" (Rm 4,18). Quanto mais sem perspectiva parece uma situação, mais firme é a esperança. A parábola de Kafka intitulada *Uma mensagem imperial* também aborda a negatividade da esperança.

> O imperador – assim dizem – enviou uma mensagem a ti, o solitário, o patético

súdito, a sombra minúscula refugida para a distância mais remota perante o sol imperial, justamente a ti o imperador, de seu leito de morte, enviou uma mensagem. Ele fez o mensageiro se ajoelhar ao lado da cama e lhe sussurrou a mensagem; tão importante era para ele que pediu ao mensageiro que ainda a repetisse em seu ouvido. Com um aceno de cabeça, ele confirmou que estava certo o que fora dito. E diante da multidão que assistia à sua morte – todas as paredes obstrutivas foram derrubadas, e nas amplas e elevadas escadarias os grandes do reino estão de pé em círculo – diante de todos esses ele dispensou o mensageiro. Este partiu imediatamente, um homem forte e incansável; estirando um braço, depois o outro, ele abre caminho pela multidão; quando encontra resistência, ele aponta para o peito, onde está o sinal do sol; e assim também avança com facilidade como nenhum outro. Mas a multidão é tão grande; suas moradas não têm fim. Se um campo livre se abrisse à sua frente, como ele voaria! E logo tu ouvirias os solenes golpes de seus punhos à tua porta. Mas, ao invés disso, como são inúteis seus esforços; ele ainda está desbravando passagem pelos aposentos do palácio mais interno; nunca vai ultrapassá-los; e se ele conseguisse, nada seria ganho; ele teria de lutar escada abaixo; e se ele conseguisse isso, nada seria ganho; pátios teriam de ser atravessados; e após os pátios, o segundo palácio circundante; e novamente escadas e pátios; e outro palácio; e assim por diante

> por milhares de anos; e se ele finalmente se lançasse para fora do portão mais distante – mas jamais, jamais pode isso acontecer – lá estaria a capital imperial diante dele, o centro do mundo, amontoada até o topo por seu próprio sedimento. Ninguém penetra por aqui, mesmo com a mensagem de um morto. – Mas tu estás sentado junto à janela e sonhas com ela, quando chega a noite[57].

Enquanto o sonho perdura, a mensagem imperial está a caminho de seu destinatário escolhido. No final das contas, é a esperança que produz a mensagem ou a sonha.

A parábola está inserida na narrativa *Na construção da muralha da China*. Ela também trata da esperança desesperançada, que se baseia na pura impossibilidade de completar a Muralha da China. Fala-se da "desesperança de um trabalho diligente, que, porém, não leva ao objetivo, nem mesmo durante uma longa vida humana"[58]. No entanto, a esperança desesperançada mantém a construção da muralha em andamento. Após a parábola da men-

---

57. KAFKA, F. *Beim Bau der chinesischen Mauer* – Prosa und Betrachtungen aus dem Nachlass. Leipzig/Weimar: Gustav Kiepenheuer, 1985, p. 14s.

58. *Ibid.*, p. 7.

sagem imperial, é dito: "Exatamente assim, tão sem esperança e cheio de esperança, nosso povo vê o imperador"[59]. A esperança absoluta é um processo interminável. A mensagem imperial não chega. É precisamente esse não-chegar que mantém erguida a esperança.

A construção interminável da muralha gera uma comunidade estável ao unir todo o povo no espírito da esperança. Na verdade, a muralha não protege as pessoas contra inimigos externos. Conjectura-se que os "povos do norte", dos quais a muralha supostamente deveria proteger os chineses, realmente não existam:

> Nós não os vimos [aos povos do norte] e se ficarmos em nossa aldeia, nunca os veremos, mesmo que eles corram diretamente para cima de nós em seus cavalos selvagens – o país é tão vasto que não os deixa chegar até nós; eles se perderiam no ar vazio[60].

Contra o que, então, a muralha protege o povo, se não há mais inimigos? A construção da muralha fortalece a comunidade *internamente*. De fato, ela primeiramente gera a co-

59. *Ibid.*, p. 15.

60. *Ibid.*, p. 11.

munidade no sentido empático, a *alma coletiva*, a *ciranda do povo*. A esperança absoluta une e alia as pessoas:

> A vida tranquila do lar, onde passaram algum tempo, fortaleceu-os, a reputação de que gozavam todos os construtores, a humilde credulidade com que seus relatórios eram ouvidos, a confiança que o cidadão simples e quieto tinha no futuro término da muralha, tudo isso retesava as cordas da alma. Como crianças eternamente esperançosas, eles se despediram do lar, o desejo de trabalhar novamente na obra do povo tornou-se irresistível. Partiram de casa mais cedo do que era necessário, metade da vila os acompanhou por longas distâncias [...]. Cada conterrâneo era um irmão, para quem uma muralha de proteção estava sendo construída [...]. Unidade! Unidade! Peito a peito, uma ciranda do povo, o sangue não mais aprisionado na circulação escassa do corpo, mas rolando docemente e ainda retornando através da infinita China[61].

Hoje, em nossa sociedade narcisista, o sangue está de fato aprisionado na circulação escassa do ego. Não flui mais para fora no mundo. Sem mundo, nós apenas orbitamos

---

61. *Ibid.*, p. 7s.

nosso ego. A esperança tem uma amplitude. Ela cria um *nós*. Nisso ela difere do desejo ou da mera expectativa.

Václav Havel, o defensor dos direitos humanos contra o regime comunista e presidente da Tchecoslováquia após o colapso do bloco oriental, deve ter sentido em si algo da esperança absoluta em sua mais profunda desesperança. Numa entrevista, ele expressa pensamentos notáveis sobre a esperança:

> Primeiramente, deveria dizer que entendo a esperança, na qual penso bastante (especialmente em situações particularmente desesperadoras, como, por exemplo, na prisão), sobretudo, original e principalmente como um estado de espírito [...]. A esperança [é] uma dimensão de nossa alma e [...], em sua essência, não depende de qualquer observação do mundo ou avaliação de situações. A esperança não é um prognóstico. É uma orientação do espírito, uma orientação do coração, que transcende o mundo vivido imediatamente e está ancorada em algum lugar distante, além de seus limites. Ela simplesmente não me parece explicável como um mero derivado de algo deste mundo, de quaisquer movimentos no mundo ou de seus sinais favoráveis. Por essa razão, sinto suas raízes profundas em

> algum lugar no transcendente [...]. A medida da esperança, nesse sentido profundo e forte, não é a medida de nossa alegria com o bom andamento das coisas e de nossa vontade de investir em empreendimentos que levam rapidamente ao sucesso visível. É, antes, a medida de nossa capacidade de nos esforçarmos por algo, porque é bom, e não apenas por garantir sucesso. Quanto mais desfavorável a situação em que testamos nossa esperança, mais profunda ela é. Esperança não é otimismo. Não é a convicção de que algo vai dar certo, mas a certeza de que algo tem *sentido* – sem consideração de seu desfecho. Por isso, penso que haurimos de "outro lugar" a esperança mais profunda e importante, a única capaz de nos manter à tona apesar de tudo, capaz de nos levar a boas ações, e a única verdadeira fonte da grandeza do espírito humano e de seu esforço. E é essa esperança, acima de tudo, que nos dá a força para viver e tentar sempre de novo, mesmo que as condições externas sejam tão desesperançadas quanto as que temos aqui[62].

Para Václav Havel, a esperança é uma "dimensão de nossa alma", um "estado de espírito". Como "orientação do espírito", como "orienta-

62. HAVEL, V. *Fernverhör*: Ein Gespräch mit Karel Hvížd'ala. Reinbek: Rowohlt Taschenbuch, 1990, p. 219ss. Itálico de B.-C. Han.

ção do coração", ela é *indicadora do caminho*. Ela guia as pessoas sobre um terreno onde, de outra forma, não teriam mais orientação. Havel não localiza a esperança na imanência do mundo. Pelo contrário, ele acredita que ela vem de outro lugar, de uma "distância". Suas raízes profundas estão no "transcendente". Essa esperança é *absoluta* na medida em que é totalmente independente do curso intramundano das coisas. Ela escapa a qualquer prognóstico, a qualquer cálculo. Havel não se considera nem otimista nem pessimista, pois a esperança não tem nada a ver com o desfecho das coisas. A esperança não pode ser reduzida a um desejo ou a uma expectativa. Ela possui uma distância aurática. Assim, ela escapa a qualquer tentativa de torná-la disponível. Não podemos dispor dela como um desejo positivo ou como uma satisfação de necessidades.

Hoje estamos perdendo a distância em toda parte. Assim, só nos restam desejos. No entanto, não podemos ter esperança. Sem a distância, também não é possível haver proximidade. Proximidade e distância se condicionam mutuamente. A proximidade não é ausência de distância, mas a distância está inscrita nela. Onde toda distância desaparece, também se perde a proximidade. A proximidade aprofunda a distância. Como escreve Walter Benjamin:

> O fenômeno da alienação, que [...] Kraus formulou com a bela frase: "Quanto mais de perto se olha para uma palavra, mais distante ela olha de volta", parece se estender também ao óptico. Em todo caso, encontro entre minhas anotações o comentário, surpreso: "Como as coisas resistem aos olhares"[63].

A *distância* aproxima a linguagem da *poesia*. Na sociedade da informação, a linguagem perde toda distância aurática e se torna superficial, aplanada como informação. A hipercomunicação digital nos deixa *sem fala*. Assim, vivemos hoje num tempo sem poesia. Quem consome apenas informações também não lê mais poemas.

A esperança transcende a imanência do arbítrio humano e faz surgir um além do humano. Ela só desperta diante da negatividade absoluta. É o deserto que a faz brotar. Paul

---

63. BENJAMIN, W. *Gesammelte Schriften*. Frankfurt: Suhrkamp, 1991, v. 4, p. 280.

Celan expressa esse caráter de negatividade e transcendência da esperança quando escreve:

> Sóis em fios
> sobre o deserto cinzapreto.
> Um pensamento alto como árvore
> agarra o tom da luz: ainda há
> canções a cantar além
> dos humanos.

O "deserto cinzapreto" representa a negatividade, que é tão característica da esperança. A *árvore da esperança* cresce sobre o deserto. Além disso, a esperança habita um *além*, uma transcendência que não pode ser descrita, apenas *cantada*. Ela transcende a imanência do meramente humano.

O futuro como um horizonte aberto de possibilidades *novas*, *insuspeitadas* e *nunca sidas* é estranho para Heidegger. Segundo ele, cada projeto de mundo permanece "nos limites de sua condição de ter sido lançado"[64]. O pensamento de Heidegger está voltado para a essência, para o sido. Não há espaço para o não nascido, para ainda-nunca-sido. Trata-se, sobretudo, de *retornar* ao *sido*, ou seja, à essência.

---

64. HEIDEGGER, M. *Sein und Zeit*. Tübingen: Max Niemeyer, 1979, p. 366.

Heidegger não reconhece a intencionalidade do olhar para frente e do olhar para fora. A marcha de seu pensamento é *de volta à essência, ao sido*.

A ideia de esperança de Bloch não possui nenhuma negatividade como seu elemento constitutivo. Dessa forma, ela se aproxima do "afeto expectante que se tornou absolutamente positivo"[65]. Bloch hipostasia a esperança como um princípio metafísico inabalável, até mesmo cósmico. Fala-se do "bem que trabalha abrindo caminho", que, em seu caráter de trabalho, se assemelha à toupeira da história hegeliana. Segundo Bloch, a esperança inerva um processo quase químico, que impulsiona o mundo em direção à perfeição:

> Os materiais formados no mundo [...] estão repletos da tendência do ainda-não para o todo, do alienado para a identidade, do entorno para a pátria mediada. [...] A esperança do objetivo, porém, é necessariamente discordante com a falsa saciedade e necessariamente concorda com uma radicalidade revolucionária; – o torto quer se endireitar, a metade quer se tornar inteira[66].

---

65. BLOCH, E. *Das Prinzip Hoffnung*. Frankfurt: Suhrkamp, 1959, p. 127.

66. *Ibid.*, p. 391.

A esperança em Bloch é um ímpeto de aperfeiçoar o mundo, um ímpeto inerente à própria realidade. Embora possa ser traída e desprezada, ela insiste e persiste *objetivamente* como uma força quase cósmica. Terry Eagleton comenta criticamente essa positividade da esperança de Bloch:

> Se Bloch tivesse razão, disso se seguiria que a esperança fluiria com as correntes da maré do universo, e não contra elas. No entanto, nesse caso, cada ato individual de esperança seria desvalorizado imperceptivelmente. Uma vez que estaria participando da tendência geral do cosmos, ela seria menos árdua do que a esperança *apesar de tudo* – a esperança à qual o ser humano se agarra mesmo nas mais desoladoras situações[67].

Falta à esperança de Bloch o *apesar de*. Ela não é mais um *desafio*. Ela não é *arrancada* da negatividade do desespero. É precisamente sua presença ubíqua que a desvaloriza: "A esperança só pode ser duradoura e justificada se for adquirida a um alto preço, mas no univer-

---

67. EAGLETON, T. *Hoffnungsvoll, aber nicht optimistisch*. Berlim: Ullstein Ebooks, 2016, p. 172.

so de Bloch surge o problema de que tudo está inundado de esperança"[68].

A esperança como "estado de espírito" não pode ser decepcionada, pois é independente do curso intramundano das coisas. Bloch não capta a esperança absoluta, ou o espírito da esperança, quando assume que toda esperança pode, até mesmo deve, ser decepcionada. Ela "deve ser, até mesmo em sua honra; *caso contrário, não seria esperança*". Ela deve "poder ser absolutamente decepcionável", "porque está aberta para frente, em direção ao futuro, e não se refere ao que já existe"[69].

Contrariamente à suposição de Bloch, a esperança, como Havel observa com precisão, é completamente independente do desfecho das coisas. Seu conteúdo é a profunda convicção de que algo tem *sentido*, precisamente em desconsideração de seu desfecho. Ela tem seu lugar no *transcendente*, além do curso intramundano das coisas. Como *fé*, ela torna possí-

---

68. *Ibid.*, p. 188.

69. BLOCH, E. Kann Hoffnung enttäuscht werden? *In*: BLOCH, E. *Literarische Aufsätze*, Frankfurt: Suhrkamp, 1985, p. 385-392, esp. p. 386.

vel o atuar em meio à absoluta desesperança. A deusa esperança (*speranza*), que Orfeu invoca no submundo, o guia através do reino dos mortos, que corporifica a negatividade. Sem *speranza*, ali não é possível orientação alguma. *L'Orfeo* de Monteverdi transforma essa *speranza assoluta* em um canto:

Scorto da te, mio Nume
Speranza, unico bene
Degli afflitti mortali, ormai son giunto
A questi mesti e tenebrosi regni
Ove raggio di sol giammai non giunse.
Tu, mia compagna e duce,
In così strane e sconosciute vie
Reggesti il passo debole e tremante,
Ond'oggi ancora spero
Di riveder quelle beate luci
Che sol'a gl'occhi miei portan il giorno.

Escoltado por ti, ó minha deusa
Esperança, único bem
Dos mortais aflitos, agora cheguei
A estes tristes e tenebrosos reinos
Onde raio de sol jamais alcançou.
Tu, minha companheira e guia,
Conduziu meus passos fracos e trêmulos
Nesses caminhos estranhos e
desconhecidos,
Por isso hoje ainda espero
Ver novamente aquelas alegres luzes
As únicas que aos meus olhos o dia trazem.

Δημήτηρ' ήυκομον, σεμναν. Θεάν

ον· αὐτὴν καὶ κούρην περικαλλέα

Περικ

Esperança e conhecimento

O pensamento tem uma dimensão afetiva, corporal. *O arrepio é a primeira imagem de pensamento.* Imagens de pensamento têm suas raízes profundas no corpóreo. Sem sentimentos, emoções ou afetos, sem *excitações*, de modo geral, não há conhecimento. Eles inervam o pensamento. Esse é exatamente o motivo pelo qual a Inteligência Artificial não pode pensar. Não é possível reproduzir algoritmicamente sentimentos e afetos, pois são *eventos analógicos, físicos*. A inteligência só é capaz de calcular. Inteligência vem de *inter-legere*, que significa *escolher entre*. Escolhe-se entre possibilidades *já existentes*. Assim, a inteligência não produz *nada de novo*. Quem realmente é capaz de *pensar* não é inteligente. Apenas por meio do pensamento se tem acesso ao *completamente diferente*. Quem pensa é, como diria Deleuze, um idiota. O gesto do pensamento é "*faire l'idiot*"[70]. Apenas quem pode ser idiota efetua um novo começo, uma ruptura radical com o já existente, deixando o *passado* para o *futuro*. *Somente o idiota pode ter esperança.*

Em *Amor e conhecimento*, Max Scheler cita Goethe: "Não se conhece nada senão o que se ama, e quanto mais profundo e completo o conhecimento, mais forte, vigoroso e vivo será o amor, sim, a paixão"[71]. Pascal também está convencido de que "no decorrer e no processo do amor, *surgem* primeiramente os objetos que se apresentam aos sentidos e que a razão julga depois"[72]. Contrariamente à suposição geral, o conhecimento não ocorre com base na contenção dos atos emocionais. Pelo contrário, a atenção guiada pelo amor, a atenção amorosa ao mundo, determina os passos do conhecimento, desde a percepção sensorial até as imagens de pensamento complexas. Pascal chega

---

70. Cf. www2.univ-paris8.fr/deleuze/article.php3?id_article =131. Cf. tb. MENGUE, P. *Faire l'idiot*: La politique de Deleuze. Paris: Germina, 2013.

71. SCHELER, M. Liebe und Erkenntnis. *In*: SCHELER, M. *Schriften zur Soziologie und Weltanschauungslehre*. Berna: Francke, 1963, p. 77-98, esp. p. 77.

72. *Ibid.*

a escrever: "Amor e razão são uma só e mesma coisa"[73]. O amor não nos torna cegos, mas *nos faz ver*. Somente o amante abre os olhos. O amor não distorce a realidade, mas revela sua *verdade*. Ele aguça a visão. Quanto mais forte é o amor, mais profundo é o conhecimento: "*Tantum cognoscitur, quantum diligitur*" (nós conhecemos apenas tanto quanto amamos)[74].

O amor é mais que um mero interessar--se, que traz à vista objetos já existentes. Pelo contrário, é ele o primeiro a auxiliar os objetos a obter plena existência. Scheler destaca que Agostinho "de maneira estranha e misteriosa" atribui às plantas "um desejo de que os humanos as contemplem, como se o conhecimento de seu ser, um conhecimento guiado pelo amor, lhes proporcionasse um análogo da redenção"[75]. É o olhar amoroso que liberta a flor

---

73. *Ibid.*

74. Apud MOLTMANN, J. *Theologie der Hoffnung* – Untersuchungen zur Begründung und zu den Konsequenzen einer christlichen Eschatologie. Munique: Chr. Kaiser, 1966, p. 30.

75. SCHELER, M. Liebe und Erkenntnis. *In*: SCHELER, M. *Schriften zur Soziologie und Weltanschauungslehre*. Bern: Francke, 1963, p. 97.

de sua falta de ser. O amor a ajuda a obter *plenitude do ser*, que é consumada no amor como conhecimento. O olhar amoroso redime a flor.

O amor é constitutivo do conhecimento já em Platão. O amor como Eros é a aspiração da alma por um conhecimento completo. O pensamento é um ato de amor, então, o filósofo é um erótico, um amante da verdade. O pensamento guiado pelo amor culmina numa visão extática da Ideia do Belo como o conhecimento supremo. Seguindo a tradição de Platão, Heidegger também entende o pensamento como um movimento impulsionado pelo Eros. Segundo ele, o Eros estimula o pensamento, lhe dá asas: "Chamo-o de Eros, o mais antigo dos deuses, de acordo com a palavra de Parmênides. O bater de asas desse deus me toca sempre que dou um passo essencial no pensamento e me aventuro no não trilhado"[76].

O pensamento como Eros é um *topos* que ressurge ao longo de toda a história da filosofia. Em *O que é a filosofia?*, Deleuze e Guatta-

---

76. HEIDEGGER, M. *Briefe Martin Heideggers an seine Frau Elfriede 1915-1970*. Munique: DVA, 2005, p. 264.

ri elevam o Eros à condição da execução do pensamento. Segundo eles, o filósofo deve ter sido um amigo, até mesmo um amante. O Eros como *relação vital com o outro* é a "condição de possibilidade do próprio pensamento, uma categoria viva, uma vivência transcendental"[77]. Ao pensamento é inerente *um desejo pelo outro, por um outro atópico*, que escapa a qualquer comparação.

Sem o Eros, permanecemos presos no *inferno do igual.* Deleuze lança uma questão profundamente significante:

> O que significa "amigo", quando ele [...] se torna condição para o exercício do pensamento? Ou melhor, não estaríamos falando do amante? E o amigo não introduz no pensamento uma relação vital com o outro, que se supunha excluída do pensamento puro?[78]

A inteligência artificial não é capaz de pensar, porque não tem *amigo*, não tem *amante*. O *Eros* lhe é estranho. Ela não tem *desejo pelo outro*.

---

77. DELEUZE, G.; GUATTARI, F. *Was ist Philosophie?* Frankfurt: Suhrkamp, 1996, p. 7.

78. *Ibid.*

O conhecimento como uma *visão da essência guiada pelo amor* não é *prospectiva*, mas *retrospectiva*. Na *Lógica* de Hegel, está escrito: "Em *gewesen* (sido), o pretérito do verbo ser, a língua conservou *Wesen* (essência); pois essência é o ser passado, mas o ser intemporalmente passado"[79]. O conhecimento, em Platão, ocorre como uma reminiscência das ideias *passadas*; ou seja, das ideias preexistentes. Como *visão da essência*, ele está voltado para o *sido*. O Eros platônico não gera um impulso em direção ao aberto, ao vindouro. Ele se aplica à essência como algo já sido. Também em Heidegger, a temporalidade do conhecimento é o "ter sido". O pensamento está a caminho do "ser intemporalmente passado" como verdade. O "esquecimento do ser" precisa ser superado pela rememoração, pela re-presentificação do ser, ou seja, pelo Eros como "aspiração ao ser"[80]. O pensamento vai, segundo Heidegger,

---

79. HEGEL, G.W.F. Wissenschaft der Logik II. *In*: HEGEL, G.W.F.; REINICKE, H. *Werke in 20 Bänden*. Frankfurt: Suhrkamp, 1986, v. 6, p. 13.

80. HEIDEGGER, M. *Vom Wesen der Wahrheit*: Zu Platons Höhlengleichnis und Theätet. Frankfurt: Vittorio Klostermann, 1988, v. 34, p. 238.

"*de volta* ao que foi"[81], ao "que não pode ser pensado antecipadamente"[82]. Ele investiga expressamente o que *sempre já foi*. O *vindouro*, o *não-nascido*, permanece fechado para ele.

Não apenas o amor, mas também a esperança, geram seus próprios conhecimentos. Ao contrário do amor, a esperança não está voltada para o *que foi*, mas para o *vindouro*. Ela *conhece* o que ainda não é. A temporalidade da esperança não é o passado, mas sim o futuro. Seu modo de conhecimento não é retrospectivo, mas prospectivo. Como "paixão pelo possível"[83], ela direciona o olhar para o *ainda-não-ente*, para o *não-nascido*. Ela abre para a realidade suas possibilidades futuras. Partindo da famosa frase de Anselmo de Cantuária: *fides quaerens intellectum – credo, ut intelligam* (eu creio para que possa conhecer), Moltmann escreve: *spes quaerens intellectum – spero, ut intelligam*

---

81. HEIDEGGER, M. *Beiträge zur Philosophie (Vom Ereignis)*. Frankfurt: Vittorio Klostermann, 1989, v. 65, p. 144.

82. *Ibid.*, p. 415.

83. MOLTMANN, J. *Theologie der Hoffnung* – Untersuchungen zur Begründung und zu den Konsequenzen einer christlichen Eschatologie. Munique: Chr. Kaiser, 1966, p. 29.

(tenho esperança, para que possa conhecer)[84]. A esperança promove uma expansão da alma em direção às grandes coisas (*extensio animi ad magna*). Portanto, ela é um excelente meio de conhecimento.

Em sua lição sobre a Epístola aos Romanos (1516), Lutero reflete sobre o pensamento que se alimenta da esperança:

> O apóstolo filosofa e pensa sobre as coisas de maneira diferente dos filósofos e metafísicos, pois os filósofos dirigem o olhar para o presente das coisas e refletem apenas sobre as propriedades e essências, mas o apóstolo afasta nossos olhos da visão do presente das coisas, de sua essência e propriedades, e os dirige para seu futuro. Ele não fala da essência ou ação da criatura, de *actio*, *passio* ou movimento, mas [...] da "expectativa da criatura" (*expectatio creaturae*)[85].

Quem tem esperança não dirige sua atenção para a essência, nem para o ter sido ou o presente das coisas (*presentiam rerum*), mas para seu *futuro*, para suas *futuras possibilidades*. O pensamento esperançoso se articula não

---

84. *Ibid.*, p. 28.

85. Apud *ibid.*, p. 30.

em *conceitos*, mas em *antecipações* ou *pressentimentos*. É a esperança a primeira a nos abrir o *campo de possibilidades*, antes de considerarmos um objetivo concreto: "Pressentimentos do futuro! Celebrar o futuro, não o passado! Compor o mito do futuro! Viver na esperança! Momentos felizes! E então, fechar a cortina novamente e voltar *os pensamentos para objetivos fixos, próximos*!"[86] Sem esperança, estamos presos ao passado ou ao pessimamente existente. Somente a esperança gera ações significativas que trazem o novo para o mundo.

Moltmann observa que o pensamento esperançoso não olha para a realidade com os "olhos noturnos da coruja de Minerva"[87]. É Hegel que emprega a coruja de Minerva como metáfora para indicar que a filosofia só reconhece o que já se tornou história, ou seja, o *que foi*:

> Como pensamento do mundo, ela [a filosofia] só surge no tempo depois que a realidade completou seu processo de

---

86. NIETZSCHE, F. Nachgelassene Fragmente 1882-1884. *In*: COLLI, G.; MONTINARI, M. (eds.). *Kritische Studienausgabe*. Berlim: DTV, 1988, v. 10, p. 602.

87. MOLTMANN, J. *Theologie der Hoffnung* – Untersuchungen zur Begründung und zu den Konsequenzen einer christlichen Eschatologie. Munique: Chr. Kaiser, 1966, p. 30.

> formação e se fez pronta. [...] Quando a filosofia pinta seu cinza sobre cinza, uma figura da vida já envelheceu, e com cinza sobre cinza ela não pode ser rejuvenescida, apenas conhecida; a coruja de Minerva só inicia seu voo ao cair do crepúsculo[88].

Hegel nega à filosofia a capacidade de captar o *vindouro*. "Cinza sobre cinza" é a cor do que foi. A filosofia é um *pensar depois*, não um *pensar antes*. Ela não é *prospectiva*, mas *retrospectiva*. Por outro lado, o pensamento da esperança considera a realidade em suas *possibilidades* que ainda não foram. A filosofia como um pensar antes é, como Karl Ludwig Michelet responde a Hegel numa conversa, "o canto do galo de uma nova manhã que rompe, anunciando uma figura rejuvenescida do mundo"[89].

Para o pensamento messiânico-esperançoso, o passado não está terminado, nem congelado em seu ter-sido. O passado *sonha para frente*, em direção ao futuro, ao vindouro. *A essência,*

---

88. HEGEL, G.F.W. Grundlinien der Philosophie des Rechts oder Naturrecht und Staatswissenschaft im Grundrisse. *In*: HEGEL, G.W.F.; REINICKE, H. *Werke in 20 Bänden*. Frankfurt: Suhrkamp, 1986, v. 7, p. 28.

89. MICHELET, C.L. *Wahrheit aus meinem Leben*. Berlim: Nicolai, 1884, p. 90.

por outro lado, não sonha. Como o que foi, ela está completa e fechada. Quem tem esperança descobre nas coisas seus conteúdos oníricos ocultos e os interpreta como *sinais secretos do futuro*, olhando para o passado com a ótica do sonhador. O despertar transforma sua consciência:

> E, de fato, o despertar é o caso exemplar do recordar: o caso em que temos êxito em nos recordar do mais próximo, banal, mais óbvio. O que Proust quer dizer com o rearranjo experimental dos móveis no meio da semidormência matinal, o que Bloch reconhece como a escuridão do instante vivido, nada mais é do que aquilo que será assegurado aqui, no plano do histórico, e coletivamente. Há um saber-ainda-não-consciente do que foi e a promoção de seu desenvolvimento tem a estrutura do despertar[90].

Sonhar é um meio de conhecimento. Benjamin envia as coisas a uma profunda camada onírica para extrair delas sua *secreta linguagem da esperança*. O significado das coisas do passado não se esgota no que elas *eram* em sua época e lugar. Sonhando, ou seja, tendo esperança, elas ultrapassam suas delimitações

---

90. BENJAMIN, W. *Das Passagen-Werk*: Gesammelte Schriften. Frankfurt: Suhrkamp, 1991, v. 5, p. 491.

históricas. As passagens parisienses do século XIX surgiram da produção industrial e do capitalismo, mas contêm em si algo *não-redimido* no interior da ordem capitalista-industrial: "Cada época tem seu lado voltado para os sonhos, seu *lado infantil*"[91].

O pensamento de Benjamin liberta "as imensas forças da história" que são "adormecidas no 'Era uma vez' da narrativa histórica clássica"[92]. Nos sonhos e esperanças das coisas, Benjamin, tal qual um *intérprete de sonhos*, vê "um mundo de afinidades secretas especiais", onde as coisas estabelecem "a mais contraditória ligação" e revelam "parentesco indeterminado"[93]. Nisso, Benjamin se assemelha a Proust. Para Proust, o sonho revela a verdadeira vida interior por trás das coisas. Quem sonha mergulha na camada mais profunda do ser, onde a vida tece incessantemente novos fios entre eventos e forma uma densa teia de relações. A verdade produz encontros surpreendentes. Ela ocorre no momento em que o sonhador "toma dois objetos diferentes, es-

---

91. *Ibid.*, p. 1.006. Itálico de B.-C. Han.

92. *Ibid.*, p. 1.033.

93. *Ibid.*, p. 993.

tabelece a ligação entre eles" ou "como a vida faz, mostra algo comum entre duas sensações e assim extrai sua essência compartilhada"[94].

O sonho e o sono são lugares privilegiados da verdade. Eles suprimem distinções e fronteiras nítidas, que são características do estado de vigília. Segundo Proust, as coisas revelam sua verdade apenas no "sono criador e extraordinariamente vivo do inconsciente (um sono em que as coisas que apenas nos roçaram acabam de se gravar e as mãos adormecidas agarram a chave que abre, inutilmente procurada até então)"[95]. Portanto, são as esperanças que alimentam os sonhos. *As coisas têm esperança em seus sonhos*. Ou elas sonham, porque têm esperança. As esperanças as libertam de sua prisão histórica, pois abrem para elas o possível, o novo, o porvir, o não nascido. Assim, elas as salvam para o *futuro*. Elas as ajudam a obter sua verdade mais profunda, rompendo crostas e petrificações resultantes da solidificação das coisas no tempo histórico. As esperanças, com seus sonhos, habitam um tempo messiânico.

---

94. PROUST, M. *Auf der Suche nach der verlorenen Zeit*. Frankfurt: Suhrkamp, 1994, v. 1-7, p. 4.543s.

95. *Ibid.*, p. 3.625.

Adorno também compreende a esperança como um *meio da verdade*. Para o pensamento esperançoso, a verdade não é algo que já foi e só precisaria ser posteriormente trazido à luz, mas algo que deve ser *conquistado* contra o falso, contra o pessimamente existente. Sua morada não está no passado, mas no futuro. Ela possui um núcleo utópico e messiânico. Ela nos conduz para fora da existência reconhecida como falsa: "No final, a esperança, que escapa da realidade ao negá-la, é a única forma em que a verdade aparece. Sem esperança, a ideia da verdade mal poderia ser pensada; e a inverdade cardeal seria fazer passar por verdade a existência reconhecida como má, só porque uma vez foi reconhecida"[96].

"Arte é", conforme se diz em *Minima Moralia*, "magia, liberta da mentira de ser verdade"[97]. Como "descendente da magia", que "separava o sagrado do cotidiano, procurando mantê-lo puro"[98], ela está sujeita a uma "esfera de leis

---

96. ADORNO, T.W. *Minima Moralia*: Reflexionen aus dem beschädigten Leben. Frankfurt: Suhrkamp, 1951, p. 174.

97. *Ibid.*, p. 428.

98. ADORNO, T.W. *Gesammelte Schriften*. Frankfurt: Suhrkamp, 2003, v. 10.1, p. 136.

próprias", desobrigada da lógica do existente. Assim, ela insiste no "direito à alteridade" e, com isso, abre um *espaço de possibilidades* em que cintila uma mais elevada *verdade como pressentimento*. A *esperança tem, ela própria, algo de mágico*. A lógica do estabelecido não a preocupa. A esperança é sustentada pela crença de que tudo poderia ser completamente diferente. O belo como *medium* da esperança, situado além da racionalidade instrumental profana, faz assomar um *mundo possível* além do estabelecido:

> No encanto [...] do belo [...] a aparência de onipotência [...] se reflete como esperança. Escapou a toda prova de poder. A total ausência de propósito nega a totalidade do teleológico no mundo da dominação, e é somente por força dessa negação [...] que até os dias de hoje a sociedade existente se torna consciente de uma sociedade possível[99].

Ernst Bloch também se afasta da coruja de Minerva de Hegel, que voa atrás do que foi:

> Todo saber, assim se diz no *Mênon*, todo saber é apenas anamnese, a rememoração da alma do que já havia visto no reino essencial das ideias antes de seu nascimento. [...] E foi esse

---

99. ADORNO, T.W. *Minima Moralia*: Reflexionen aus dem beschädigten Leben. Frankfurt: Suhrkamp, 1951, p. 432s.

> feitiço de anamnese que fez que o ser – antes de tudo, o ser da essência, *ontos on* – fosse totalmente visto apenas como ser que foi: essência é ter-sido. Esse feitiço persiste até Hegel, sim, culmina nele, pelo menos em sua coruja crepuscular, na atribuição do conhecimento apenas ao conteúdo já tornado; na rejeição do ainda aberto Ainda-Não, no repúdio à reserva de possibilidades irrealizadas[100].

A coruja de Minerva é cega diante do *brilho emergente do novo*, que escapa à lógica da essência. O pensamento da esperança desloca o interesse pelo conhecimento do passado para o futuro, do que foi para o que está por vir, e opõe ao *Sempre-Já*, como temporalidade da essência, o *Ainda-Não*.

Bloch contrapõe ao cinza o azul, a cor da esperança: "Esse azul, como cor da distância, simboliza igualmente de maneira intuitivo-simbólica o que está carregado de futuro, o ainda-não-tornado na realidade"[101]. Goethe define o azul como um "nada atraente". É o ain-

---

100. BLOCH, E. Philosophische Grundfragen I. *In*: BLOCH, E. *Zur Ontologie des Noch-Nicht-Seins*: Ein Vortrag und zwei Abhandlungen. Frankfurt: Suhrkamp, 1961, p. 23.

101. BLOCH, E. *Das Prinzip Hoffnung*. Frankfurt: Suhrkamp, 1959, p. 144.

da-não, que nos seduz e desperta um anseio. O azul nos atrai para longe. Assim escreve Goethe:

> Assim como vemos azul o alto céu e azuis as montanhas distantes, uma superfície azul também parece recuar diante de nós. Assim como gostamos de perseguir um objeto agradável que foge de nós, também apreciamos olhar para o azul, não porque se impõe a nós, mas porque nos atrai para si[102].

A sociedade, como a de hoje, totalmente desprovida de esperança, está envolta em cinza. Falta-lhe a *distância*.

No espírito da esperança, vislumbramos o vindouro até mesmo no passado. O porvir, como o verdadeiramente novo, como o *outro*, é o *sonho*, o *sonho diurno do passado*. Sem o espírito da esperança, estamos aprisionados no igual. Ele rastreia no passado as *pegadas* do vindouro. Como Walter Benjamin expressa belamente, o passado "carrega consigo um índice secreto que o remete à redenção"[103].

---

102. GOETHE, J. W. *Zur Farbenlehre*. Hamburgo: C.H. Beck, 1971, v. 13, p. 498.

103. BENJAMIN, W. *Über den Begriff der Geschichte*: Gesammelte Schriften. Frankfurt: Suhrkamp, 1991, v. 1, p. 693.

Eu não sou de modo algum transparente para mim. A esfera consciente em nossa psique é muito estreita. Ela é cercada por amplas margens escuras. O que é percebido pode permanecer inconsciente, mesmo que já esteja determinando nosso agir. Conhecimentos estão localizados não apenas na consciência clara, mas também no semiconsciente. Os conhecimentos aos quais apenas a esperança tem acesso ainda não foram compreendidos, pois ainda não passaram para o consciente e o sabido. Seu modo de ser é o "ainda não consciente". Eles vêm do futuro:

> O ainda-não-consciente é, portanto, unicamente o pré-consciente do vindouro, é o local de nascimento psíquico do novo. E ele permanece principalmente pré-consciente porque há nele mesmo um conteúdo de consciência que ainda não se tornou totalmente manifesto, que está apenas começando a surgir a partir do futuro[104].

Bloch faz uma distinção estrita entre o ainda-não-consciente e o inconsciente da psicanálise. O inconsciente refere-se ao evento reprimido do passado. No espaço do inconsciente, não

---

104. BLOCH, E. *Das Prinzip Hoffnung*. Frankfurt: Suhrkamp, 1959, p. 132.

acontece *nada de novo*. O inconsciente "não é uma consciência recentemente emergente com novo conteúdo, mas sim uma antiga com conteúdos antigos"[105]. Ele carece do *brilho* do vindouro. Regressões o determinam. É lá que se deposita o passado sinistro que assombra o presente e bloqueia o futuro. De fato, a psicanálise também gera conhecimentos, mas estes iluminam apenas o passado. Não são regressões, mas progressões que tornam acessíveis o ainda-não-consciente, o vindouro, o não-ainda-nascido. Estas estão repletas de premonição, pressentimento ou reflexo colorido. O sonho noturno brota do inconsciente, mas o sonho diurno, por outro lado, se alimenta do ainda-não-consciente. Quem tem esperança, de acordo com Bloch, não pressente "cheiro de porão, mas o ar da manhã"[106]. O ainda-não-consciente é "a representação psíquica do ainda-não-tornado em uma época e seu mundo, na frente do mundo"[107]. É um "fenômeno do *novum*". A esperança desempenha grande papel na geração do novo.

---

105. *Ibid.*, 1959, p. 130.

106. *Ibid.*, p. 132.

107. *Ibid.*, p. 143.

Já foi dito acima que a esperança vem *de outro lugar*. Sua *transcendência* a une à *fé*. No entanto, Bloch despoja a esperança de qualquer transcendência ao submetê-la à *imanência da vontade*:

> Na esperança consciente-conhecida, nunca há nada de suave, mas sim uma vontade se impõe nela: deve ser assim, tem de acontecer assim. De maneira enérgica, irrompe nela o traço desejoso e volitivo [...]. A postura ereta é pressuposta, uma vontade que não se deixa sobrepujar por nada que já se tornou; ela tem nessa postura ereta sua prerrogativa[108].

A esperança de Bloch é robusta e rebelde. Falta-lhe uma dimensão contemplativa. A esperança não fica ereta. A postura ereta não é sua atitude fundamental. *Ela se inclina para frente para ouvir e procurar escutar*. Ao contrário da vontade, não se rebela, pois ela é um adejo que nos *carrega*.

Como a esperança tem uma dimensão contemplativa, ela é inevitavelmente marginalizada, primado absoluto da *vita activa* em Arendt. Bloch também a compreende primordialmente

---

108. *Ibid.*, p. 167.

a partir da atividade. Ela é inspirada pela vontade prometeica. Bloch estiliza Jó como um *rebelde da esperança*. Em face da injustiça sofrida, Jó se rebela contra Deus. Para Bloch, Jó não confia mais na justiça de Deus. Deus é substituído pelo "otimismo militante" do ser humano: "No Livro de Jó [...] começa a imensa inversão de valores, a descoberta da capacidade utópica dentro da esfera religiosa: um ser humano pode ser melhor, comportar-se melhor do que seu Deus"[109].

A esperança é fundamentalmente diferente do "otimismo militante" de Bloch. Em meio ao desespero absoluto, ela me *reergue*. Quem tem esperança torna-se receptivo ao novo, às novas possibilidades que nem mesmo seriam conhecidas sem a esperança. O espírito da esperança habita um campo de possibilidades que transcende a imanência da vontade. O prognóstico torna a esperança supérflua. Quem tem esperança conta com o incalculável, com *possibilidades contra toda probabilidade*.

---

109. BLOCH, E. *Atheismus im Christentum*. Frankfurt: Suhrkamp, 1968, p. 150.

Esperança como forma de vida

Embora diametralmente oposta à angústia, a esperança é estruturalmente semelhante a esta, pois a angústia também carece de objeto, ao contrário do temor, que sempre pressupõe um *de que* concreto. O "de quê" da angústia é totalmente indeterminado. Ele afeta o próprio ser-no-mundo. É precisamente essa indeterminação que lhe confere intensidade. O "em quê" da esperança, como "*spes qua*", também escapa a qualquer ideia concreta. No entanto, ela determina e *afina* completamente nosso ser. Por isso, ela pode ser considerada, tal qual a angústia, um *modo de ser* fundamental, ou seja, um *existencial*.

O estado de ânimo tem um papel central em *Ser e tempo*. O fato de que *somos aí*, esse "aí" primordial não é mediado por um conhecimento ou percepção objetiva, mas pelo estado de ânimo: "O estado de ânimo sempre já abriu o ser-no-mundo como totalidade, e é ele que primeiramente torna possível um voltar-se para..."[110]. Antes de voltarmos nossa atenção para algo, já *nos encontramos* num estado de ânimo. O estado de ânimo não é um estado subjetivo que tinge posteriormente os objetos. Pelo contrário, ele nos abre o mundo num nível pré-reflexivo. Antes de qualquer percepção consciente, experimentamos o mundo num estado de ânimo. O "aí" acessado pelo estado de ânimo dá uma primeira demão no ser-no-mundo e também determina e *afina* o pensamento. Ser-aí é inicialmente estar afinado. Sempre já *nos encontramos* num estado de ânimo antes de *deparar com* algo num ato perceptivo. O *encontrar-se* num estado de ânimo precede qualquer *deparar com*. Estamos *sempre já* lançados num estado de ânimo. Não é o conhecimento, mas o estado de ânimo que originariamente abre o ser-no-mundo.

Em *Ser e tempo*, a angústia prevalece como estado de ânimo fundamental. Heidegger argumenta que, para a análise existencial do "*Dasein*" (designação ontológica para o ser humano), é necessário buscar um estado de ânimo que revele o ser do "*Dasein*" da maneira "mais abran-

110. HEIDEGGER, M. *Sein und Zeit*. Tübingen: Max Niemeyer, 1979, p. 137.

gente e originária". De acordo com Heidegger, é a angústia: "Como uma disposição afetiva que atende a essas exigências metodológicas, o fenômeno da angústia é tomado como base para a análise"[111]. Em que medida justamente a angústia satisfaz as "exigências metodológicas" para a análise existencial do "*Dasein*"? Heidegger observa sucintamente: "É somente na angústia que reside a possibilidade de uma abertura privilegiada, pois ela isola"[112].

A priorização ontológica da angústia em relação a outros estados de ânimo não é uma decisão meramente "metodológica", mas sim *existencial*, pois não apenas a angústia, mas também outros estados de ânimo positivos abrem e iluminam a existência humana de maneira tão abrangente quanto a angústia. Por exemplo, na *alegria* como estado de ânimo, o mundo nos parece completamente diferente do que naqueles estados negativos, como os de angústia ou tédio. Ao priorizar a angústia, Heidegger faz do isolamento o traço essencial da existência humana. Ele con-

111. *Ibid.*, p. 182.

112. *Ibid.*, p. 190s.

cebe a existência humana primariamente a partir do ser-si-mesmo, e não do ser-com.

Segundo Heidegger, a angústia surge quando o edifício dos padrões familiares e cotidianos de percepção e comportamento, nos quais nos instalamos sem questionamento, desmorona e dá lugar a um "não-estar-em-casa". Ele arranca o *Dasein* da "publicidade cotidiana", da "interpretação pública"[113]. Na cotidianidade, o mundo é interpretado de maneira conformista. Todos seguem sem questionamento as formas de percepção e julgamento já estabelecidas. O "Impessoal" personifica esse comportamento conformista. Ele nos prescreve como devemos agir, perceber, julgar, sentir e pensar: "Nós gozamos e nos divertimos como se goza, nós lemos, vemos e julgamos literatura e arte como se vê e julga; [...] achamos revoltante o que se acha revoltante"[114]. O "impessoal" aliena o *Dasein* de sua potencialidade-de-ser que lhe é mais própria: "Nesse comparar-se com tudo, uma comparação tranquilizadora e que tudo 'entende' tudo, o *Dasein* é arrojado para uma alienação na qual se

---

113. *Ibid.*, p. 189.

114. *Ibid.*, p. 126.

lhe oculta sua mais própria potencialidade-de-
-ser"[115]. Conforme o argumento central de *Ser e tempo*, somente na angústia é que se abre para o *Dasein* a possibilidade de capturar seu si-mesmo mais próprio contra o "impessoal", de realizar sua mais própria potencialidade-de-ser. Somente a angústia encerra a relação de alienação. Nela, o *Dasein* finalmente encontra a *si mesmo*: "Na estranheza, o *Dasein* está originariamente junto consigo mesmo"[116].

O medo isola o *Dasein* em si mesmo ao libertá-lo da "publicidade cotidiana do impessoal", na qual ele vive perdido de si mesmo:

> O "mundo", nem o ser-com dos outros, não tem mais nada a oferecer. Desse modo, a angústia retira do *Dasein* a possibilidade de, decaindo, entender-se com base no "mundo" e na interpretação pública. Ele joga o *Dasein* de volta àquilo pelo que ele se angustia, sua autêntica potencialidade-de-ser-no-mundo[117].

Na angústia, o *Dasein* acaba por perder o familiar "em-casa". O "em-casa da publicida-

115. *Ibid.*, p. 178.

116. *Ibid.*, p. 286s.

117. *Ibid.*, p. 187.

de", o horizonte cotidiano de compreensão e significado desmorona.

A angústia surge quando o solo sobre o qual o mundo cotidiano se apoia desmorona. Na angústia, um abismo se abre. Mas como erigir novamente um mundo sobre o abismo? Como é possível agir novamente sem que o *Dasein* caia de volta na cotidianidade? Pelo que ele pode se orientar após o colapso do mundo cotidiano? O que lhe dá sustentação? Heidegger invoca obsessivamente o si-mesmo mais próprio, a mais própria potencialidade de ser si-mesmo, a sustentação por si mesmo. Será que apenas a "resolução" pelo mais próprio si-mesmo pode pôr o *Dasein* em condição de "permanecer de pé abismo abaixo atravessando a desproteção e a falta de apoio"[118]? Permanecer de pé no abismo é possível apenas mediante a resolução pelo si-mesmo mais próprio, pela autonomia? Heidegger aferra-se à *imanência do si-mesmo* e renuncia a qualquer transcendência que pudesse dar apoio e orientação ao *Dasein*. O *Dasein* segue apenas o "chamado" de seu interior, que o instiga a alcançar seu si-mesmo mais próprio.

---

118. HEIDEGGER, M. *Beiträge zur Philosophie (Vom Ereignis)*. Frankfurt: Vittorio Klostermann, 1989, v. 65, p. 487.

Abraçar o si-mesmo mais próprio já é um agir para Heidegger, mais precisamente um "agir em si"[119]. O agir-em-si é um agir puro, um agir que, por assim dizer, *pulsa em si* ou que *se quer a si mesmo*, sem, todavia, referir-se a uma ocorrência intramundana.

No que se baseia o *Dasein* angustiado em sua ação intramundana? A interpretação pública do mundo cotidiano desmoronou. Será que o *Dasein* agora pode, a partir de sua "sustentação em si mesmo", capturar novas possibilidades de ser, completamente diferentes daquelas nulas do Impessoal? No entanto, o *Dasein*, mesmo em sua singularidade, nunca está totalmente livre, pois já está lançado em possibilidades de ser determinadas e *afinadas*. Sua condição de "estar lançado" não permite um livre projeto de possibilidades de ser. Em sua resolução pela mais própria potencialidade-de-ser, não se revela o *novo*, o *completamente outro*: "Na resolução, o que importa para o *Dasein* é sua potencialidade-de-ser mais própria, que, como algo lançado, só pode se projetar em certas possibilidades *factuais determinadas*"[120].

---

119. HEIDEGGER, M. *Sein und Zeit*. Tübingen: Max Niemeyer, 1979, p. 288.

120. *Ibid.*, p. 299. Itálico de B.-C. Han.

Em seu isolamento, o *Dasein* liberta-se das "nulas" possibilidades de ser do Impessoal, mas ao mesmo tempo *sempre já* está lançado em possibilidades determinadas e *afinadas*. "O *Dasein*, que se encontra essencialmente em certa disposição afetiva, *já sempre* caiu em determinadas possibilidades..."[121]. O *Dasein* não tem acesso às possibilidades de ser *vindouras, que nunca foram*. Ele não consegue elevar-se além do ter-sido, que é a temporalidade da condição do estar-lançado. O futuro como *avenir* permanece fechado para o *Dasein* "que se angustia".

A angústia estreita radicalmente o campo das possibilidades, dificultando assim o acesso ao novo, ao que ainda-não-é. Já por essa razão, ela se opõe à esperança, que aguça o *senso do possível* e inflama a paixão pelo novo, pelo totalmente diferente. A análise do *Dasein* baseada na esperança em vez da angústia resultaria numa existência com constituição completamente diferente, até mesmo num *mundo diferente*.

Devido à sua tendência de isolar o *Dasein*, a angústia não gera um "nós" que age ativa-

---

121. *Ibid.*, p. 144. Itálico de B.-C. Han.

mente. Heidegger entende até mesmo o ser-com a partir do isolamento, do ser-si-mesmo. A chamada "autêntica solicitude", ou seja, a autêntica relação com o outro, não se expressa como amizade, amor ou solidariedade. Pelo contrário, ela convoca o outro a, por sua vez, agarrar o si-mesmo num isolamento radical. A justaposição de pessoas isoladas em si mesmas não forma uma *comunidade*. A "autêntica solicitude" reage contra a *comunitarização*, mina a *coesão social*.

A solicitude, que se voltaria para o outro com amor e afeição, cuidando dele *desinteressadamente*, isto é, a solicitude amorosa é completamente desconhecida para Heidegger. À "autêntica solicitude", Heidegger opõe a forma "inautêntica" de solicitude, que tem como objetivo se apoderar do outro ou torná-lo dependente:

> Ela pode retirar do outro o "cuidado" e, no ocupar-se, tomar seu lugar, *substituí-lo*. Esse cuidado assume pelo outro aquilo com que ele tem de se ocupar [...]. Nessa solicitude, o outro pode se tornar dependente e dominado, mesmo que esse domínio seja tácito e permaneça oculto ao dominado[122].

---

122. *Ibid.*, p. 122.

A solicitude que "substitui" e "se ocupa" pelo outro é "inautêntico". Ele faz do outro "dependente" e "dominado". Mas quem tem interesse em se apoderar do outro por meio da solicitude? Igualmente desconcertante é a "autêntica" solicitude que permanentemente exorta o outro a unicamente agarrar seu próprio si-mesmo, em vez de se tornar dependente ou dominado.

O colapso de qualquer instância que *dê sentido e orientação*, um colapso que se expressa como angústia, só pode ser detido, segundo Heidegger, pelo si-mesmo. São ignoradas formas de existência que transcendem o si-mesmo em direção ao *outro*. Tudo ainda gira em torno apenas do si-mesmo. A fórmula da esperança de Gabriel Marcel "Eu espero em ti por nós" não tem lugar na análise existencial heideggeriana do *Dasein*.

A esperança não obtém sua força da imanência do si-mesmo. Seu centro não está no si-mesmo. Quem espera está, na verdade, a caminho do *outro*. Ao esperar, *confiamos* no que *transcende* o si-mesmo. Por isso, a esperança se avizinha da fé. É a *instância do ou-*

tro como *transcendência* que me ergue diante do desespero absoluto, que me capacita a *permanecer de pé no abismo*. Aquele que tem esperança não deve sua *posição* a *si mesmo*. Precisamente por isso, Havel acredita que a esperança tem sua origem no transcendente, que ela *vem da distância*.

O que há de especial no estado de ânimo é que, ao contrário do sentimento ou afeto, ele não tenciona *nada de determinado*. Quem espera não precisa querer *algo específico, concreto*. Desejo ou expectativa permanecem, por outro lado, ligados a um objeto concreto. Portanto, uma *pessoa esperançosa* é algo concebível. Uma pessoa expectante ou desejosa é um contrassenso na medida em que expectativa ou desejo não representam um estado de ânimo, um *estado de ser*.

Ernst Bloch entende a esperança como emoção, e nisto, contra Heidegger, ele desacredita a disposição de ânimo. Ela é privada do especial caráter de abertura que a diferencia da emoção. A esperança abre o *ser* ao determinar e *afinar* o ser-no-mundo. Ao contrário da disposição de ânimo, a emoção não abrange o ser-no-mundo. Por outro lado, a disposição de ânimo precede qualquer percepção referida a um objeto, ao *aplicar-lhe uma primeira demão*.

Bloch torna o "mais ou menos" o caráter fundamental da disposição de ânimo:

> É essencial ao estado de ânimo parecer total apenas quando difuso; ele não consiste em nenhuma emoção dominante e avassaladora, mas numa vasta mistura de muitos sentimentos afetivos que ainda não foram levados a termo. Isso é o que o torna uma essência tão facilmente iridescente; isso ao mesmo tempo o faz – ainda além do caos sonoro antes do início de uma peça musical, e também totalmente sem uma densidade intensiva – apresentar-se e deformar-se como uma realidade impressionista da experiência (Debussy, Jacobsen). Heidegger também provém desse mais ou menos impressionista, uma vez que o descreve e, ao mesmo tempo, a ele sucumbe... Heidegger não foi além da opacidade, da estagnação deprimente e ao mesmo tempo superficial de sua descoberta[123].

123. BLOCH, E. *Das Prinzip Hoffnung*. Frankfurt: Suhrkamp, 1959, p. 118.

O estado de ânimo tem uma intencionalidade completamente diferente da emoção. Ele parece "difuso" apenas por não se orientar por um objeto, por um algo defronte. O que o faz parecer "difuso" é justamente sua intencionalidade sem objeto, que predetermina e *pré-afina* qualquer percepção de algo. Na realidade, ele sempre está completamente determinado e *afinado*. Contrariamente à suposição de Bloch, a disposição de ânimo não é deformante, mas formadora. Como *estado de ânimo fundamental*, ele constitui a forma básica do ser-no-mundo. Ele está longe de ser uma "realidade impressionista da vivência". Ele precede até mesmo a vivência. Em relação a ela, a vivência se dá *posteriormente*. É exatamente a essa *anterioridade* do estado de ânimo que Bloch permanece fechado.

O estado de ânimo *abre* o mundo *como tal*, antes que alguma coisa apareça. Ele habita o *pré-campo* da percepção. O estado de ânimo está localizado do lado de cá da emoção, à frente dela. Assim, ele é mais determinante e determinado, mais *afinador* e *afinado* do que qualquer "emoção dominante e avassaladora". Ele *governa* sem dominar, sem avassalar, e isso constitui a *primazia ontológica* do estado de ânimo sobre a emoção.

A esperança como *estado de ânimo fundamental* não está vinculada a uma ocorrência intramundana. Ela é independente do desfecho das coisas. Se a esperança for compreendida como emoção, tanto seu caráter especial de estado de ânimo quanto sua *gravidade*, que impregna todo o *Dasein*, são perdidos. Ao contrário da esperança, a expectativa e o desejo estão ligados a um objeto ou a um evento intramundano. A esperança é *aberta*, vai para o *aberto*.

Até mesmo a fé apresenta duas intencionalidades diferentes. A fé como *fides qua creditur* (a fé com a qual se crê) é uma *atitude fundamental*. Assim, podemos falar sensatamente sobre uma pessoa crente. Essa fé como atitude fundamental não está vinculada a um conteúdo de fé concreto. Já a fé como *fides quae creditur* (a fé que é crida) se refere a um conteúdo de fé.

A esperança como *spes qua* (esperar), ao contrário da *spes quae* (esperar que), está acima da ocorrência intramundana. Como *estado de espírito*, ela deve sua intensidade, sua profundidade, precisamente à ausência do objeto intencional. Assim, Gabriel Marcel observa que "a esperança, por meio de um *nisus* (ímpeto) próprio, tem a aspiração irresistível de transcender os objetos específicos aos quais parece inicialmente se apegar"[124].

Devido à condição de "estar lançado", o "*Dasein*" de Heidegger não é *senhor de seu ser*. Ele não pode se apoderar de seu próprio ser. A condição de estar-lançado limita sua liberdade: "Sendo, o *Dasein* é uma coisa lançada; não foi trazido por si mesmo para o seu 'aí'"[125]. O fato de o *Dasein não* ter posto, ele mesmo, o fundamento de seu ser caracteriza sua condição de ter sido lançado: "Este '*não*' pertence ao sentido existencial da condição de ter sido

---

124. MARCEL, G. *Philosophie der Hoffnung*: Die Überwindung des Nihilismus. Munique: List Taschenbuch, 1964, p. 32.

125. HEIDEGGER, M. *Sein und Zeit*. Tübingen: Max Niemeyer, 1979, p. 284.

lançado"[126]. O estar-lançado se manifesta como *carga* ou *peso*. Para Heidegger, até mesmo estados de ânimo elevados sublinham o caráter de carga da existência: "E, novamente, um estado de ânimo elevado pode aliviar a manifesta carga do ser; mesmo essa possibilidade de ânimo, embora liberadora, revela o caráter de carga do *Dasein*"[127]. O *Dasein* não pode deitar abaixo sua carga existencial. Nada o liberta de seu caráter de carga.

Em *Ser e tempo*, a *festividade* não é mencionada, o que seria o oposto da "cotidianidade". Fora da "cotidianidade", só resta a *angústia*. A *festividade* é diametralmente oposta à "cotidianidade". O *Dasein* de Heidegger está em constante *trabalho*. Seu mundo, seu entorno, é, em última análise, a oficina. A *festa* como o *outro do trabalho* lhe é desconhecida. O sentimento de festividade é um estado de ânimo, um estado de entusiasmo, no qual até mesmo o "cuidado", que Heidegger eleva à ca-

---

126. *Ibid.*

127. *Ibid.*, p. 134.

racterística essencial do *Dasein*, é suspenso. Na *festa*, o ser humano está *isento de cuidado*.

Num trecho de *Ser e tempo*, Heidegger faz breve menção à esperança:

> A esperança, em contraste com o medo, que se refere a um *malum futurum*, foi caracterizada como a expectativa de um *bonum futurum*. No entanto, o decisivo para a estrutura desse fenômeno não é tanto o caráter "futuro" daquilo a que a esperança se refere, mas, antes, o sentido existencial do *esperar mesmo*. Também aqui, o caráter de estado de ânimo reside primariamente na esperança como um *esperar-algo-para-si-mesmo*. Quem espera se põe a si mesmo, por assim dizer, dentro da esperança e leva a si mesmo ao encontro do que é esperado. Mas isso pressupõe um ter-ganhado-a-si-mesmo. O fato de que a esperança alivia de uma apreensão depressiva significa apenas que essa disposição afetiva – no modo do *ser* como ter-sido – também permanece relacionada a uma carga[128].

Nesse ponto, Heidegger distorce o fenômeno da esperança para ajustá-lo forçadamente à arquitetônica de sua análise existencial do *Dasein*. Ela é inicialmente reduzida ao

---

128. *Ibid.*, p. 345s.

"esperar-algo-para-si-mesmo". A esperança não gira em torno do si-mesmo e o "ter-ganhado-a-si-mesmo" não é seu traço fundamental. Ao contrário, aquele que espera *sai de si mesmo*. Abandonar a *si* e confiar é a fórmula fundamental da esperança. Com a frase "Eu espero em ti por nós", Gabriel Marcel destaca aquela dimensão da esperança que transcende o si-mesmo em direção ao *nós*.

Esperança, fé e amor estão interligados. Achim von Arnim os chama de "as três belas irmãs"[129]. Todas elas estão voltadas para o *outro*. Quem espera, ama ou crê entrega-*se* ao *outro*, transcende a imanência do si-mesmo. No entanto, nem o amor nem a fé têm lugar no pensamento de Heidegger. Falta-lhe a dimensão do *outro*. Aquele que não consegue ir além de si mesmo não pode amar nem ter esperança.

O *Dasein* de Heidegger está ou decaído na "cotidianidade" ou "angustia-se *pela* potencia-

---

129. ARNIM, A.; BRENTANO, C. *Des Knaben Wunderhorn – Alte deutsche Lieder*. Frankfurt: Fischer Taschenbuch, 2011, p. 132.

lidade-de-ser"[130]. Estados de ânimo elevados ou entusiásticos são irrelevantes para ele. Coerentemente, Heidegger se atém ao caráter de carga do *Dasein*. Ele o atribui até mesmo à esperança. Na realidade, a esperança como um ânimo festivo nos livra da carga existencial. A esperança *des-carrega* ou alivia o *Dasein*. Dela emana um impulso, um elã que nos eleva além da condição do "estar-lançado", além da "culpa". O *Dasein* de Heidegger é *indesculpável*. A *graça* não é possível. No entanto, justamente a esperança é receptiva à *graça*. Heidegger também ignora a temporalidade da esperança quando a concebe a partir do "modo do ter-sido". No entanto, a esperança é caracterizada pelo *modo do ainda-não-ser*. O *futuro como avenir* permanece fechado para Heidegger.

A esperança nos sensibiliza para possibilidades nas quais não fomos *lançados*, mas nas quais *sonhamos entrar*. O *Dasein* de Heidegger não sonha para frente. É incapaz de ter sonhos diurnos. Seria apenas assombrado por pesade-

---

130. HEIDEGGER, M. *Sein und Zeit*. Tübingen: Max Niemeyer, 1979, p. 266.

los e sonhos angustiantes. A angústia não tem acesso ao futuro como um espaço de possibilidades. Não é previdente nem visionária. A esperança, por outro lado, nos abre para o que é futuro, para o vindouro, para o ainda-não-nascido, para o latente, para o que está em processo de devir. Ela é um estado de ânimo messiânico.

O pensamento de Heidegger é grego na medida em que se baseia no *que foi*, na *essência*. Até mesmo o possível (*Mögliche*) ele o define a partir da *essência*. Ele não é o que está por vir, o-que-ainda-nunca-se-fez-presença. Em vez disso, como o "amá-vel" (*Mög-liche*), como o "digno de amar" (*Mögenswerte*)[131], ele significa deixar uma coisa ou pessoa livres em sua "essência", "presentear a essência" a elas. A "capacidade" (*Vermögen*) também é pensada por Heidegger a partir do "amar" (*Mögen*)[*]:

> [Este] possível ainda não nos garante que sejamos capazes dele, pois ser capaz de algo significa: admitir algo junto a

---

131. HEIDEGGER, M. *Wegmarken*. Frankfurt: Klostermann, 1967, p. 148.

[*] Neste trecho, Heidegger joga com a polissemia desta palavra, que significa ao mesmo tempo: poder, desejar e amar [N.T].

> nós de acordo com sua essência, guardar insistentemente essa admissão. No entanto, sempre somos capazes daquilo que amamos, algo a que somos afeiçoados ao permiti-lo. Verdadeiramente amamos apenas aquilo que, por si só, sempre nos ama antes, e precisamente em nossa essência ao inclinar-se para ela[132].

Em Heidegger, tudo gira em torno da essência, do que foi. Não há abertura que aponte além da essência fechada. Sempre se trata de captar ou preservar as coisas em sua essência, ou seja, em seu passado. É da essência, enquanto o que foi, que nós, amando, nos aproximamos *não para frente, mas para trás, não sonhando, mas lembrando*. Sempre se trata de "preservar", e não de *arriscar*. Não *Elpis*, mas *Mnemosyne* dirige o pensamento de Heidegger. Ser é ser no modo do ter-sido, o qual deve ser arrebatado de um esquecimento obstinado. A verdade como "desocultamento" se desvencilha do "ocultamento da essência ainda não posta a descoberto"[133]. O pensamento

---

132. HEIDEGGER, M. *Vorträge und Aufsätze*. Pfullingen: Günther Neske, 1954, p. 123.

133. HEIDEGGER, M. *Wegmarken*. Frankfurt: Klostermann, 1967.

de Heidegger está preso entre o esquecimento e a recordação. Isso o priva do acesso ao vindouro, ou seja, ao *futuro como avenir*.

O pensamento de Heidegger não tem sensibilidade para o *possível*, para o *vindouro*, que também transcendem o "amar" ou a "capacidade", como formas de expressão da essência. Está fechado para o *radicalmente novo*, para o *completamente diferente*. Seu pensamento está "a caminho" do *que foi*, da *essência*. A angústia é, em última instância, angústia perante a morte. Não é o nascimento, mas a morte que determina e *afina* o pensamento de Heidegger. O foco na morte o torna cego para o ainda-não-existente, o *não-nascido*. O *pensamento da esperança* não se orienta pela morte, mas pelo nascimento; não pelo "ser no mundo", mas pelo *vir-ao-mundo*. *A esperança espera para além da morte*. A marcha do pensamento esperançoso não é o "avançar para a morte", mas o avançar para o novo nascimento. O *vir-ao-mundo como nascimento* é a fórmula básica da esperança.

Lista de imagens

Für B. Han, das Bewusstsein der Steine (para B. Han, a consciência das pedras). Foto com dedicatória de Anselm Kiefer a Byung-Chul Han, p. 6 e 7.

Questi scritti, quando verranno bruciati, daranno finalmente um po' di luce (Da queima destes textos virá, finalmente, alguma luz), detalhe, 2020-2021, p. 28 e 29.

Die Nornen (As Nornas), 2022, p. 38 e 39.

Émanation (Emanação), detalhe, 2020. Instalação no Panteão de Paris, p. 55.

Hortus Philosophorum (O jardim dos filósofos), 2003-2021, p. 75.

Demeter (Deméter), 2023, p. 90 e 91.

Steigend, steigend sinke nieder (Subindo, subindo, afundando), 2020-2023, p. 110 e 111.

String-Theory (Teoria das cordas), 2012-2018, p. 124 e 125.

Obs.: Todas as fotos das obras reproduzidas são de Georges Poncet, exceto as das p. 6 e 7.

Conecte-se conosco:

facebook.com/editoravozes

@editoravozes

@editora_vozes

youtube.com/editoravozes

+55 24 2233-9033

www.vozes.com.br

Conheça nossas lojas:

www.livrariavozes.com.br

Belo Horizonte – Brasília – Campinas – Cuiabá – Curitiba
Fortaleza – Juiz de Fora – Petrópolis – Recife – São Paulo

EDITORA VOZES LTDA.
Rua Frei Luís, 100 – Centro – Cep 25689-900 – Petrópolis, RJ
Tel.: (24) 2233-9000 – E-mail: vendas@vozes.com.br